组织编写：北京大学招生办公室
顾　　问：孔庆东　孙东东　刘明利　初育国
　　　　　陈跃红　曹文轩　温儒敏
　　　　　（按姓氏笔画排序）

主　　编：秦春华
副 主 编：陈跃红　舒忠飞
　　　　　（按姓氏笔画排序）
编　　委：王亚章　刘同华　刘　坤　吴　可
　　　　　吴　蔚　陈跃红　林　莉　秦春华
　　　　　卿　婧　舒忠飞
　　　　　（按姓氏笔画排序）

学海导航系列
XUEHAI DAOHANG XILIE

就这样考上北大

秦春华 ◎ 主编

4

北京大学出版社
PEKING UNIVERSITY PRESS

图书在版编目（CIP）数据

就这样考上北大（4）/秦春华主编. —北京：北京大学出版社，2011.1

（学海导航系列）

ISBN 978-7-301-18330-4

Ⅰ.①就… Ⅱ.①秦… Ⅲ.①中学生-家庭教育-文集 Ⅳ.①G635.5-53②G78-53

中国版本图书馆CIP数据核字（2010）第254698号

书　　　名：	就这样考上北大（4）
著作责任者：	秦春华　主编
丛 书 策 划：	姚成龙
责 任 编 辑：	吴坤娟
标 准 书 号：	ISBN 978-7-301-18330-4/G·3031
出 版 发 行：	北京大学出版社（北京市海淀区成府路205号　100871）
网　　　址：	http://www.pup.cn
电 子 信 箱：	zyjy@pup.cn
电　　　话：	邮购部 62752015　发行部 62750672　编辑部 62756923　出版部 62754962
印 刷 者：	三河市北燕印装有限公司
经 销 者：	新华书店
	650毫米×980毫米　1/16　16.25印张　211千字
	2011年1月第1版　2011年1月第1次印刷
定　　　价：	32.00元

未经许可，不得以任何方式复制或抄袭本书之部分或全部内容。

版权所有，侵权必究

举报电话：(010) 62752024　电子信箱：fd@pup.pku.edu.cn

序言

  北京大学创建于 1898 年，初名"京师大学堂"，是我国近代建立的第一所国立综合性大学。建校 110 多年来，北大为民族的独立与解放、国家的振兴与发展、社会的文明与进步作出了不可替代的贡献，在中国走向现代化和繁荣昌盛的进程中起到了先锋和骨干作用，这远远超出了它作为一所为社会培养人才的高等学府的有形存在，更成为中华民族争取民主自由和伟大复兴的象征，成为现代人文学者和科学家向往的精神家园，从而独具魅力。正如美国哈佛大学教授杜维明先生所说："作为文化中国的象征，其实北京大学早已成为了世界一流大学。因为世界上再也找不到任何一个国家的任何一所大学，能够像北京大学这样和国家、民族的命运结合得如此紧密，息息相关。北大对于中国的意义远远超过了哈佛之于美国、牛津与剑桥之于英国的意义。"

  在中国的高校中，北大具有"老"与"大"两个特点。之所以说"老"，那是因为在中国，具有百多年历史的大学并不多，因此，人们常用"古老"来形容北京大学的历史；之所以说"大"，不在于校舍恢宏，而是学术气度广大，所谓"兼容并包，思想自由"之意也。历史悠久的"老"让我们足以心生骄傲，兼容并蓄的"大"也常让我们引以为荣。就是这样一所"老"学府，每年吸引着无数的青年才俊奋身投入燕园，求学于"一塔湖图"；就是这样一所

"大"学府，将今日的精英与明日的栋梁、今日的思考与明日的奉献，维系在了一起；就是这样一所"老"、"大"学府，将这些胸怀大志、肩负大任、孜孜求学、不倦探索的年轻学子，培育锻造成为"具有国际视野、在各行业起引领作用、具有创新精神和实践能力的高素质人才"，他们道德高尚、学识渊博、体魄健全、意志坚定，具有良好的人文素养和科学精神。

一个多世纪以来，北大历经风雨，但爱国、进步、民主、科学的传统和勤奋、严谨、求实、创新的学风从未因时光的磨砺而褪色。今日的北大，迎来了中国快速发展的战略机遇期，也迎来了自身建设世界一流大学的重要发展期，"北大人"将满怀豪情，团结进取，积极探索，勇于创新，在学科建设、人才培养、科学研究、社会服务等各个方面取得更大的进展，向着建设世界一流大学的目标奋发努力。

亲爱的中学生朋友们，金秋九月，一段精彩的大学时光在等待着你。在这里，美丽的燕园将带给你广阔的人生舞台，光荣与梦想将力促你奋发前行，理想与责任将激励你勇于担当。在即将踏入燕园之际，希望你们能够刻苦学习，踏实做事，诚实做人，志存高远，胸怀祖国，力争做一个有理想、有责任、敢于担当的、光荣的"北大人"！

北京大学校长周其凤

目录

学 生 篇

沿途 ·· 3
于是我开始在四中奋斗,很坦然地说这种奋斗不为了别的什么,只是为了让自己对自己满意。

感受北大 ·· 8
我问道,北大数院的学生都像你这样强吗?他十分淡然地说,在北大,有许多优秀的同学,他们会与你一起思考。

庸碌的图谋 ·· 12
我以为世间万种事物存在的意义就在于丰富这个世界,让世界里充满可观察、可欣赏的存在。

感谢命运 ·· 15
过去班主任总告诉我们,高中的生活是最好的,因为有老师、家长,我们要考虑的就那么单纯的几件事。

做一个有历史使命感的人 ································ 19
有一点是肯定的,我将一直做一个有历史使命感的人。在人生的海洋里,不管前方是一帆风顺还是波涛汹涌,这份沉甸甸的历史使命将一直伴随我左右,为我指引前进的方向。

歌声伴我成长 ··· 24
　　因为坚持了自己的兴趣，因为不放弃唱歌，我渐渐明白这个世界有多大，梦想可以走多远。

征途 ·· 28
　　我明白人生本来就是不完美，但我更加明白，正是因为这不完美，人生才更值得让人追寻和回味。所以我会更加坚定的一直走下去。

追寻北大的路上 ··· 33
　　我生来不是被打败的，我的血管里流动的也不是懦弱与认输，我相信命运掌握在自己手中，失败的屠宰场不是我的归宿。

那些日子，那些人 ·· 36
　　求学的路途是枯燥而且孤独的，并且荆棘遍布，然而没有人能代替你完成这样旅程，你必须依靠自己的力量走向远方。远方，虽不可知，但却有痛苦的幸福。

余烬录 ··· 40
　　每一本参考资料都没有浪费，每一个夜晚都没有虚度。我就像个贪婪的"大食佬"，认真地攻读每一本书，书上的每一行字，每一个插图，耐心地做笔记。

学会享受寂寞 ·· 44
　　高一、高二若是油画，色彩奔放而张扬，高三只能算是素描，黑白二色，虽是单调，却是最经典的色彩。

裂帛 ·· 47
　　裂帛，是面对苦痛失意离散时潇洒勇敢的态度。撕裂，是为新生。

路漫漫其修远兮 ··· 50
　　坚持很苦，但只要我们学会享受这个过程，也会发现自己是痛并快乐着。走到最后，你往往会觉得其实坚持的过程比结果更让人记忆深刻回味无穷。

父亲的话 ··· 55
　　多年的训练兼学习的生活让我明白了一个道理：想要获得成功就需要对自己残忍。

目 录

珍惜此刻，相信未来 ·· 59

高中班主任的话至今回响在我的耳际——"机会来了，你要抓住。"而现在，我更愿意补充一下："有些时候，我们要学会创造机会。"

四年风雨路　难忘追梦心 ·· 64

我回首，那或深或浅的脚印，那或明或暗的风景，那或酸或甜的气息，让我不禁欷歔感慨，只有用平和的心境、勤奋的状态、不屈的意志去精心雕琢心中的梦想，才能让我们的人生真正芳香四溢。

转弯，通往燕园 ··· 67

我从小就是一个听话的乖孩子，但是这一次，我决定顶住重重压力，坚持自己的选择，为了心底渐渐明晰的燕园梦。

相册 ··· 73

人是一直会思考的芦苇，因为有了方向，我们的生命才有意义。

蝶恋花 ··· 76

丛林之中，我只能选择一条少有人走的路，但是我并没有畏惧，因为我相信自己的实力，即使要披荆斩棘，即使现象丛生，只要梦想不灭，便可以将羽翼淬火，飞抵阳光灿烂之旬，找寻自己恋着的花儿。

梦之四季

——北大，我无畏的希望 ·· 81

任何人都希望自己的生活里永远是春夏，我亦如此。但曾经历的秋冬会让我铭记，铭记一种坚持，铭记一种追逐梦想的精神。

十年一梦 ··· 87

后来高三大规模地标准化生产作文的过程深深触动了我，是的，并不是只有自由和想象便可填充一个完整的人生，规范和工整必不可少。我不再认为那是束缚，因为在这些格式条框的约束下，自由显得更有意义。

家 长 篇

千里之行　始于足下 ·········· 93
　　家长的鼓励犹如春风化雨，是孩子快乐的源泉，是其进步的不竭动力。

快乐着孩子的快乐 ·········· 99
　　和千千万万的孩子一样，我的孩子也喜欢上网、看电视。我认为，对孩子的这些爱好，不能管，也不必管。

做个快乐的甩手家长 ·········· 104
　　我们能做的就是做她的知心朋友，帮助孩子调整心态和释放压力，向她坦诚地表明父母的心迹。

做孩子自立人生的引导者 ·········· 108
　　我们家的每个人之间都拥有表扬与批评他人的权利，也要敢于自我批评。无论我们做任何事，都要讲原则，努力保持做事的正确方向。

梦圆北大，振翅高飞 ·········· 112
　　我们没有一味地阻止，而是十分珍视儿子的好奇，并努力引导儿子的兴趣，尽量使玩乐成为增长知识、培养能力、提升素养的最佳途径。

授儿渔技 ·········· 117
　　每选定一门课程，我们都要征求孩子的意见，是不是愿意学、喜欢学，如果不愿意、不喜欢就不选，但是，一旦选定了，就要持之以恒地坚持。

培养君子 ·········· 123
　　我一直注重培养孩子的爱心、责任心和良好的行为习惯，坚持正面教育、正面引导为主的原则。

给孩子翅膀，让他飞翔 ·········· 128
　　学会感受快乐，这似乎是一句很空的话，但是很有效。

我助女儿圆梦 ·········· 132
　　孩子一旦达到目标，就要及时鼓励、夸奖；若没有达到，家长也不能责怪孩子，要在孩子心情较好的时候，同她一起分析原因，鼓舞斗志，力争下次达到目标。

探索适合孩子健康成长之路 136

孩子成长发展过程中，会遇到很多问题，家长们不要施压，减少权威，善于发现，善于引导，尊重孩子的选择，孩子在良好的家庭氛围才能健康成长。

隐形的翅膀 142

知"好"是思想的先驱者，做"好"则是思想的落实者。两者是一枚金币正反两面的标志物和含金量，又是一辆汽车的方向盘和车轮子；两者是学生时代的船票，又是职业生涯的通行证。

用心和努力，梦想能实现 149

孩子的很多知识是从周围的环境及身边的人和事中学到的，家长是他的第一任老师，家长的言行无意中成为他的榜样。

回望与期冀 157

"成功的花儿，人们只惊羡她一时的明艳，然而当初她的芽儿，却浸透了奋斗的血汗。"

岁月如歌 163

记得孩子以优秀的文化成绩通过了北大的考试，参加紧张的面试时，当我转身要离开备考的孩子时，孩子喊了我一声："妈妈，我觉得我很幸福。"

妈妈的心愿 167

在这三年里，妈妈每天都能看到你在坚持不懈地努力，你那勇于进取和顽强的拼搏精神，真的令妈妈很佩服。

一名普通父亲的博客日记摘录 169

你从书本上学到的和听到的东西，很多都是不正确的，甚至是误导你的，所以认识事物要用你的头脑去认真思考，不要去盲目崇拜所谓神一样的人物，要有自己的鉴别力，不要人云亦云，正确地观察世界，认识生活和认识自我是多么的重要。

顺其自然 174

在待孩子的教育学习这件事上,我一直主张顺其自然,不对小孩子提出过多的要求,按照孩子自己的学习爱好和兴趣来给她提出或指出应该如何去做,而不是强迫孩子学习。

你的考 我的跑
——女儿成人礼物注释 ·············· 177
你十几年来一直秉持的勤奋、踏实、刻苦、科学、昂扬的精神和习惯,不仅让我们亲眼目睹了你走进北大的艰辛历程,更让我们体验到了信念的力量和由此带来的自豪与幸福。

成长故事 ·············· 185
我就想上北大,只报北大,我也就没有后路了。

婷儿,我们想对你说 ·············· 189
你和爸爸是最要好的朋友,你和妈妈有许多知心的话儿要说,咱们在一个理解、和谐的氛围中朋友式地平等交流。

我的苦与乐 ·············· 194
每次考过之后,不论成绩好坏,都要把考卷上不会的题重新做一遍,用轻松的心态对待每一次考试。

我们一起走过 ·············· 198
成功不能靠偶然的机遇,靠的是脚踏实地的努力,是力量的厚积薄发,是付出后的水到渠成。

北大离我有多远 ·············· 203
自己没能实现的梦由孩子去圆没什么不好,关键是得到孩子的理解。

儿子,你必须独立前行
——写在儿子上大学的前夕 ·············· 207
生活中充满阳光固然可喜,生活中遭遇坎坷和挫折也不必灰心丧气、惊慌失措、一蹶不振。一个人只有经历过坎坷和挫折的磨炼,他的心智才能真正地成熟。

孙女成了我的校友 ·············· 211
赏识能增强孩子的自尊心和自信心,自尊心强的孩子能自觉地走正确的路;自信心强的孩子做事易于成功。当然,也要尽可能好地把握赏识的分寸，滥用了就会助长孩子的虚荣心。

吾家有女初长成 …… 215
"既然决定做这件事，就要持之以恒地把它做好。"这话从此成为女儿的座右铭，她也因此成为一个特别有恒心、有毅力的孩子。

在背景里为女儿"伴舞" …… 223
女儿擦干眼泪在进考场前把长辫子一甩说"让暴风雨来得更猛烈些吧"！

孩子，我们宁静致远五闲谈 …… 231
孩子，爸爸妈妈还是把"宁静致远"这四个字送给你吧！潜心燕园，不断提高思想觉悟；锤炼自己，继续接受艰苦磨难；迎接挑战，不懈追求卓越与完美。

书是女儿打开北大校门的钥匙 …… 239
女儿由于看书多，懂的事情也多。读书不仅使她学到很多知识，也学到许多做人的道理，养成了善良热情、关心集体、乐于助人的品格。

笑望来时路 …… 243
孩子，我知道你，你既然选择了数学与化学的竞赛，就已做好了要比常人多吃很多苦的心理准备，就如你常说的：吃尽苦中苦，方为人上人。

学生篇

姓　　名：李天嗣
毕业院系：北京四中
获奖情况：获全国中学生化学竞赛（省级赛区）一等奖
　　　　　中国共产党预备党员
　　　　　保送北京大学法学院

沿　途

　　生活像一条田垄上的公路，路旁立着的界碑上写着"北大"二字，让我暂时停脚，吁出一口长气，回首走来的这一路上沿途的脚印和风景。

　　我想起了初中语文课上田晓菲的《十三岁的际遇》，那时也十三岁的我面对那样美丽且带着傲然的自信的文字，努力地想透过纸背看出几十年前那个立在北大门口的同龄的女孩心中究竟在想些什么。

　　和田晓菲一样，有不少北大学子在回顾自己进入北大的经历时往往会这样说，北大是我从小的梦想，而今梦想终于成真了云云。说实话，纵是现在的我也很佩服他们少年时伟大的梦想，如果我们在年幼时相遇，那么我一定会敬畏到不敢和他们说话。毕竟那时的我只知道北大有湖有塔，直如仙境，高高在上。有时回在香山脚下的姥姥家，会经过北大西边院墙和那个有名的西门，路还很窄，但是墙很高，让我小小的心拼命想飞过墙去看看里面是什么。那种感觉就像我路过中南海、玉泉山、钓鱼台，那高高的院墙带给我的好奇是一种敬畏，一种一睹天颜的梦想，而从不是亲近。我甚至从未想过自己能进入北大学习，可能只是有机会戴着某旅行社的帽子跟着前面的小红旗进入北大转一圈（那时我还以为只能这样进北大），然后便可以回来骄傲地对众人说，我也进过北大了，口气如同当年受毛主席接见的红卫兵代表一样无比骄傲自豪。是的，那就已经是我小时候的梦想了。

然而自从那节语文课结束后，身边就再也没什么人提到北大了。四环也已经修通，回姥姥家也不用再经过那条让我又敬畏又好奇的小路，北大逐渐从我的思维中渐渐淡出。我还是在我的初中里一边捣蛋一边认真地生活着，直到我步入初三。初三代表着我要开始考虑自己以后的去向，这对于幼儿园小学初中都分布在以自己家为圆心半径不到一公里的圆内的我来说无疑是一件比较茫然的事情。当时我的物理老师建议我报考北京四中，这又是一个遥远的名字，和当时周围人的想法都不相同。于是我和爸妈决定用初三的那个国庆假期把北京市所有好的高中以及大学都转一圈，也算是给我开开眼界。就那样我确定了我高中要去报考四中，同时我也迈进了最有名的北大西门，可以说那次经历让我童年虚幻的遥想踏实地落在了地上。

受动画片《齐天大圣》的影响，我总认为北大院墙高耸、大门威严，石狮和琉璃瓦簇拥着当中"北京大学"那块大匾，如同云气缭绕的南天门，里面也一定尽是美轮美奂的大小宫殿，行走的人们不腾云驾雾也一定都衣饰华贵、英气逼人，个个如同下凡的神仙。可是当我走进北大，却发现里面并无那番景象，门内行人的衣着与门外相比并无异样，甚至把他们放到西单王府井还稍显土气。他们的相貌也并非一脸王侯气或者书卷气，我想象中的那种剑眉高鼻、轮廓硬朗、身材高挺的男子和柳眉樱唇、长发长裙随风微曳的女子并非随处可见，甚至难以见到。他们大多抱着书、骑着车或者拎着脸盆、拎着塑料袋在院内匆匆地赶路，路口处依然回响着自行车铃和汽车喇叭互相拌嘴的声音，只不过规模比中关村十字路口的要小许多罢了。北大的楼很明显地能看出新旧，新楼甚是壮观，但是我总能想象到站在里面能隐隐闻到装修的味道，旧楼透着一股岁月的痕迹，还是那种带着绿漆只能冲外打开而不是合金推拉的窗子。在门外顺着宿舍走廊看去，感觉像回到了《闲人马大姐》的筒子楼时代。因为没有人介绍，所以并不能完全知道每栋建筑的具体功用，但是我却能很清楚地分清楚哪些是食堂，我总对北大学生有一种不食人间烟火的印象，却不知道他们在吃这个基本问题上并没有与大众脱离多少，中午时分，食堂人声鼎沸，有时说话要像在舞厅，伸颈大吼，方能不使自己淹没于众人，"子曰，食色性也"，这两种场合本是有些相同，但北大也未能免于此，真正说明北大人乃人而非神。

这次的北大之行基本上完全颠覆了北大在我心目当中的形象，不过当时不仅不失望，反而暗暗高兴，觉得北大并不是遥不可攀的圣殿，至少在里面生活的人们并不都是圣人，当时觉得前景豁然开朗、一片光明。不过当时的我仍然没有想过以后要上北大，不仅没有坚定的信念，甚至连念头也没动过，我当时内心好像只是有一个声音在反复地嘀咕：我还有戏，我还有戏。

后来我如愿地上了四中，在四中我经历了许多，也学会了许多，也许是那个北大天堂一般的幻想的最终消散，让我对生活充满了干劲，我觉得一切都没有那么遥远，一切都是可以实现的。于是我开始尽情地向前跑，我觉得自己其实不是一个目的非常明确的人，我从没有过给自己定非常具体的目标，比如说考上北大，比如说学习要进前十，比如说要当学生会主席，比如说要干嘛干嘛。但是我知道什么是好的，我会向着这个方向不停地跑，只要方向正确，选择什么道路并不重要。当我刚进四中开学前新生教育的时候，学校请回来许许多多的优秀学长给我们做报告，说实话他们讲的内容我既理解不了也记不下来，但是我只知道这是一个如此杰出的学校，这里有如此杰出的人才，而我也要像他们一样，当一个牛人，当一个也有人像我现在这样在底下仰望的牛人。

于是我开始在四中奋斗，很坦然地说这种奋斗不为了别的什么，只是为了让自己对自己满意。我在高中参加了许多的活动，去篮球队、去模拟联合国、去表演话剧、去参加竞赛小组、去参加卡拉OK

大赛、去竞选学生会、去做主持人、去参加朗诵比赛、去拍DV、去准备运动会、去筹办成人仪式和毕业典礼……这里面有成功也有失败，但是我还是一直往前跑，我总想去面对新的事情。这之中也经历了许多痛苦，在各种活动中取舍选择的痛苦、组织一件事情无人响应的痛苦、期待的事情令我大失所望的痛苦、戒除网游的痛苦、在学科竞赛徘徊的痛苦、无心学习的痛苦、想要学习但是成绩停滞不前的痛苦、保送后踌躇的痛苦……这些痛苦也许别人看来不算痛苦，甚至三年前的自己看完都可能会不以为然，但是这些笼统的概括里面都有许多的故事，有许多的感想，是它们撑起了我充实的高中生活。痛苦之后也会有许多快乐，当我站上运动会领奖台的时候，当征文比赛最终拿奖的时候，当我拿到保送生资格的时候，当我在表彰会上高举奖状的时候，当又一次的主持任务交给我的时候，当我提前拿到录取通知书的时候，当我入党事宜最终敲定的时候……这些时候的那种快乐是外人看不到而只有自己才能一遍遍回味的快乐。当我最终在学校礼堂给新生做报告，看到他们那一如我三年前的眼神，听到好像是三年前的我发出的掌声，然后我鞠躬离场的时候，我才发现，原来我三年前的那个梦想，竟然成为了现实。其实这里面不应该有惊叹语气的，因为我都是一步步地在往前走，没有突变，没有飞跃，走到这里应该理所应当；但是这又应该充满了惊叹，因为我走出了一条崭新的、完全不同于过去任何一条的路，然后到达了我三年前就认定的终点。而这些，我想，是只有自己才会珍视，而别人可能了解不到，也可能不愿意了解的宝贵的成长经历，这是藏在外表之下的精彩。

我于是想到，如果我初三没有去过北大，没有击碎那个如天宫一般的美丽的梦，那么我直到要进入北大的时候才会发现这种落差，到那时我可能会非常失望，从而忽视了北大真正内涵的东西。

北大，以及北大的有些并不耀眼的建筑，北大里的那些外表可能并不出众的学子们，他们之所以受人尊敬、受人景仰，就是因为那些外表下的精彩，让人不能一眼就看穿，让人需要细细地品读。真正有价值的东西，不在于设备先进的宿舍楼，而在于在宿舍夜谈时悟到的妙谛；不在于光鲜的衣着，而在于衣着之下的人格散发出的魅力；不在于如同贵族般优雅的表演，而在于激烈争论和狂放不羁中显露的思维火花和铮铮傲骨；不在于大楼，而在于大师；不在于表面的风光，而在于内在的风尚。

北大应该是一部书，一部鸿篇巨制，而真正的鸿篇巨制在外表上看去总不是那么吸引人的。要真说起来，北大的"一塔湖图"已经能算作是最精美的插图，北大的各种趣闻也能算作是最吸引人的故事，但是北大绝不仅止于此，北大绝不只是一部漫画书。北大还应该有拍案而起的热血，也有苦心钻研的沉静；有机智严谨的雄辩，也有勤奋坚韧的实干；有单骑闯关的胆识，也有众志成城的信念；有敢爱敢恨的潇洒，也有忧国忧民的赤诚。北大还应该有好多好多的精神财富，是我现在所理解不到的，这些都在这部大书里记录着。今天我走进北大，不是终点而是起点，我将翻开这部大书，去品读，去理解，我也希望自己也能在日后的某一天，能给这本书作注，甚至续写它，我也相信这是每一个北大人的愿望。

我期待着这一天，我也将带着这种期待，转过头来，向着前方，继续自己的旅程。

　　个人格言：你怎样看世界，你就得到怎样的世界
　　学习感悟：尽吾志也而不能至者，可以无悔矣

姓　　名：李宇杉
预录取院系：经济学院
毕业中学：中国人民大学附属中学
获奖情况：北京市三好学生

感受北大

北京大学，在我的心中是个既熟悉又陌生的名字。身在北京的我，不知多少次穿过绿荫下的小径，流连于未名湖畔，感受先人、同伴和自己内心涤荡的锐意；然而，这所"海纳百川、兼容并包"的中国最高学府，却总像面笼一层轻纱，使我难以管窥它的真正精神。

改变，来自高中时与北大学子的两次接触。

第一次，还是在高一行将结束时。我参加了一个课外的数学辅导班，最后一节课是由一个之前从没见过的代课老师完成的。这节课上，我学到了过去许多年都没有学到的东西。除去对数学产生浓厚兴趣这个次要的收获，我还体验到了一种对知识和智慧发自内心的渴求。

代课老师有着非常扎实的数学功底，他用一个求复杂数列通项的问题引入教学，逐步扩展到对数学各个分支的介绍。

我一直对数学的广泛应用感到十分震撼，也热衷于探寻它的哲学意义。通过代课老师的介绍，许多从前十分模糊的观念逐渐清晰化，我仿佛看到了一个蕴藏着无尽宝藏的世界。下课后，我找到代课老师，尽情地交流了许多关于数学和哲学的问题——这些问题，是令我无比困惑的，也是高中教学无缘涉及的。这一次纯求知性质的交流，是我记忆中第一次平等的、畅所欲言的交流。当得知他是北大数学学院的在读研究生、在中学的数学竞赛中成绩突出后，我问道，北大数院的学生都像你这样强吗？

他十分淡然地说，在北大，有许多优秀的同学，他们会与你一起思考。

他着重强调了"一起思考"四字。

目光炯炯，直视着我。

刹那间，"北大"的分量，在我的心头重了起来；"思考"的分量，在我的心头重了起来。

天色已晚，我们从教学楼中走出。到北大，我们同路。路上，我们从阿基米得谈到希尔伯特、从第一次数学危机谈到ZFC公理系统……

目送他走入燕园，我想，两年后，我也会像他一样——畅游学海。

时光飞逝，转眼间，已是高三。没有想到，在准备北大自主招生考试的时候，我又一次邂逅了北大学子。

那是一次课外的阅读训练，主讲人是北大中文系的学生，内容是鲁迅先生作品《野草》中的一篇散文。

一次简单的阅读训练，其意义却远不止于此。跳出枯燥的练习，那位高才生用自己火热的激情与冷静的分析为我们解构了一个有血有肉的鲁迅——一个在国土沦丧、民族危亡之际摇旗呐喊的斗士、一个为内心的矛盾彷徨不已的思想者、一个对现实失望而痛彻心扉的悲悯志士、一个不堪国民愚昧之苦而弃医从文的伟大担当者……

一篇短小的散文，可以解读出无数内涵……

思想，竟有如此的力量——穿越几十年的岁月，仍旧可以感受到先贤的呼吸与时代的脉搏。

在这堂课上，我突然想起了两年前的那个数院老师；接着，想到了他们共同的身份——北大学子。

课后，我冲到台前，向那个中文系学生道出了我多年来的疑问：

北大的精神，到底体现在哪里？

这或许是个不知天高地厚的问题，但却不能不问。

他低下头想了一会，说道：

真正的北大人，都会有一种坚守。

坚守。坚守什么？怎么坚守？

回家后，那句话我想了许久，许久没有答案。

两位北大学子，从数字和语言的双重角度，把北大深深地烙在我的记忆中。

北大，这片沃土，在百年中为中国培育了一代代的民族脊梁，有历史为证，无须赘述。

坚守……

梁任公的"服从、朴素、静穆"；蔡元培的"抱定宗旨、砥砺德行、敬爱师友"、"植基、勤学"；刘半农的"职任"；马寅初的"牺牲"……

坚守学生的天职、坚守心中的正义、坚守对祖国的忠诚、坚守对社会的责任……太多太多……正如《燕园情》中所唱：眼底未名水，胸中黄河月。

选择北大，也被北大选择，是一种幸运，更是一种责任。

我相信，"坚守"二字的意义，我会用未来的四年乃至一生去探索、去感受。

"北大"，亦然。

个人格言：阴云之上 晴空万里

学习感悟：天道酬勤

个人寄语：和北大一起成长

姓　　名：周　叶
预录取院系：信息科学技术学院
录取院系：物理学院物理类
毕业中学：北京市第八中学
获奖情况：2008年北京市中学生数学竞赛高一组一等奖

19届（2008年）希望杯全国数学邀请赛高一组全国三等奖

2008年全国高中数学联赛北京市二等奖

20届（2009年）希望杯全国数学邀请赛高二组全国三等奖

第12届（2009年）北京高中数学知识应用竞赛一等奖

第12届（2009年）北京高中数学知识应用论文竞赛二等奖

2009年全国高中数学联赛北京市二等奖

21届（2008年）北京市高一物理竞赛高一组一等奖

第四届（2009年）全国高中应用物理知识竞赛北京一等奖（第3名）全国一等奖

26届全国中学生物理竞赛北京一等奖（第16名）全国决赛二等奖（第63名）

2008年北京市高中学生化学竞赛高一组一等奖

2009年北京市高中学生化学竞赛高二组二等奖

2009年全国高中学生化学竞赛（省级赛区）北京二等奖

庸碌的图谋

假期里，我去给一个初中生辅导数学。初中的课程我是很熟悉的，还没有忘记，况且高考后无所事事之时我也把自己的初中教材通读了一遍，以期"调和"一下高中为了顾全体系而有所取舍的学科态度。虽说如此，我并没有用一个过来人的眼光去看待和指导他的既成与将成。在我的观念里，人与人彼此不同，有的事我经历过而他未经历过，有的事我未经历过而他经历过，本就不需凡事预知，凡事通晓，凡事都向自己一个人的经历上生搬硬套。事实上我们的学习氛围因校风而大异，五年的距离也足以颠覆学业压力的格局；然而更重要的或许是我们选择的路不同，这种不同来源于个性，来源于每个人观念间的不同。一为运筹帷幄，高瞻远瞩；一为从心所愿，顺其自然。由此，像无论考试还是作业都勤作草稿力求无误这种行为，在他看来是理所当然的好习惯；在我看来就如同积重难返，考试时速度与准确率难以兼顾的祸根。我建议他减少对草稿纸的依赖，多用脑去想象、心算，可我又怎知这剂药是否适合他！他的眼中只有一个个阶段考试，他的家长却期望让他更在乎那些更遥远、更重要的"大考"；这些习惯和愿望与我对应试教育的不屑一顾有着何其巨大的差异！可叹若不是因为考试，他们又何必找我来"辅导"学习！一个人认为有用、正确的事情，另一个人未必会同样认为。

静下心来一想，益知为师之难。我的老师们与我们的不同应当更大，用短短两三年光阴摸透每个人多变思想之下几乎不变的性格更是极为困难，即使摸清了，也不会有充分的时间能够对症下药。教师之中或许不乏有着孔子般能为的人，只因没有广大学生以供其选择志同道合者进一步培养，也不会有那么长的时间"树人"。如今教师之所为，在于尽其所能，但求无愧于心而已，正如我的高中班主任不久前所说："尽人力，听天命"。无奈至此，当时就曾令我慨叹，其半生碌碌，一事无成，十年从教，未老先衰。试问何由？

想起我初中的班主任兼语文教师，几乎凡事无为，尽付学生自治，对班内工作不满意了发点牢骚却也自有其威严。他从未殚精竭虑将我们的思想纳入某个框架之中，也未刻意提高每位学生的语文成绩。那是我们还自以为受他的领导约束，与他罕有平等的交流；即将毕业之时方知他平易近人，奉行着"凡事适度，顺其自然"的准则；我们以领导的眼光看他，那他就摆出个领导的架势。我与他这"顺其自然"始终有着共鸣。这"自然"若是在于外界，就化为"海纳百川"，宽容并理解身边的一切；若是在于内界，则意味着"率性而为"，恪守并时刻显露着核心观念与性格。只是他那"凡事适度"我还不能完全领会，这也是我敬重他的原因。

在初中的班级里，我们宣扬着迥异的哲学，却依然和谐相处，最终也不愿各奔东西。其中缘由，或许正是因为成长在这种不同之中，每个人都有些独到的领悟吧。旁人看重的，是如何取得成功，是如何最大限度地发扬个人观念。他们运筹帷幄，生活中如历朝文人般喜怒哀乐，慨叹穷达，寻求解脱。而我所看重的，一在于收获，一在于付出。所谓收获，就是因外物而生的内心感悟，那是自己的东西；所谓付出，就是从心所愿对于外界的行为，那也是自己的东西。只有自己的东西，才能使世界丰富。不必强求立异，因为自己的东西，永远与他人不同。我以为世间万种事物存在的意义就在于丰富这个世界，让世界里充满可观察、可欣赏的存在。而人也一样。他人想法与我不同，我也宽容待之，只因丰富源于不同，只因不同源于天然，只因人生来平等，而思想也生来平等。思想彼此不同，而辩论意味着交锋，知音意味着融合。至于人生的成功，思想的发扬，正应了初中班主任的话："顺其自然"。既已顺其自然，又何需所谓"尽人力，听天命"？

包容者向往包容，深思者向往深思。我厌倦了一切有形与无形的鸿沟壁垒，更厌倦了用它们所围成的小天地。时间与空间交织成世界，思考与沟通升华了灵魂。深与博本为一体，是谁将它们割裂？

个人格言：得者，时也；失者，顺也。

学习感悟：知之者不如好之者，好之者不如乐之者。

个人寄语：明争暗斗不如实事求是。

姓　　名：张　皎
预录取院系：政府管理学院
毕业中学：山东省潍坊市第一中学
获奖情况：英奥竞赛全国一等奖
　　　　　省优秀学生干部

感谢命运

感谢命运，让我拥有你们，我身边的每一个人。

我很快乐

昨天妈妈告诉我，帮我转户口时，看着我的那一页被从户口本上抽走，感到有点舍不得。"不过，没关系的，家人在哪，家就在哪。"看到我皱眉，妈妈又摆出了她的至理名言。

在我心中，妈妈是像《飘》中的埃伦那样完美的母亲。住校的时候，妈妈会在晚上打电话的时候问：昨天，你不太开心吧？我总是惊讶于妈妈判断的准确，并学会不问：你怎样知道的？因为答案永远只有一个：因为是妈妈。

妈妈一直告诉我，父母对孩子最大的期待，不是他们的成就，而是他们快乐，或者说仅仅是天天真心笑出来这样简单。所以当我问"可不可以…"这样的问句时，得到的答案永远是："嗯，只要你开心。"所以当我问关于高考的一切时，得到的回答也是："什么成绩都可以，只要你开心。"

成绩公布的那天，妈妈因紧张而从单位请假回家，成绩公布后，妈妈的眼眶有些湿了，然后，我才知道高考三天爸爸妈妈怎样度过：

每天定四点的闹钟,却总是因担心闹铃会吵醒我而早于闹铃醒来,精力饱满地告诉我:我们睡得很好;在烈日下等我走出考场,然后告诉我,我们刚赶来,路上又堵车了。

今年暑假,我找了一份短期工作,有几天早出晚归,回家后我发现妈妈生气了。我连续很多天都无法理解这不悦的来源,直到与一位和妈妈年龄相仿的阿姨谈及这件事时,阿姨很了解地笑道,傻孩子,你的翅膀比以前硬了,你妈担心你飞走啊,不过,你不会懂的。我想,我还是部分地懂了,并对妈妈说我不去打工了。不过妈妈笑着说:没关系,只要你开心。

我很开心,妈妈,我并且不想飞走。

外婆的湖

《外婆的澎湖湾》大概是我最早学会的歌之一了。于是在初中的一次征文比赛中我写下这样的题目:外婆的湖。

那篇文章写的是外婆家附近一个不大的人工湖。上学前的那段时间,我对自己家的记忆是模糊的,对外婆家的记忆却尤为清晰:人工湖旁的石犀牛,城墙边的狮子,后山的鲜花,外公永远不会重样的各种游戏和外婆可口的饭菜。不过它的清晰,也许是由于太多次的重复。外婆现在还是会以:"你小时候…"打开话匣子,直到外公说:"多少遍了,还不烦。"不过其实,我很想听。

上学后,我和妈妈每天中午到外婆家"蹭饭",外婆有时候会拿出一个小布袋,然后从中变出许多在孩子看来如同珍宝的玩具和零食。之后开始学作文时,我的第一篇短文被外婆看到,她戴着眼镜看了很久,然后说:"皎皎,你的作文写得真好。"我现在还记得那时的紧张和之后的兴奋,绝不亚于任何一次比赛。

上初中后,学校离外婆家远了,去外婆家也仅限于有空闲的周末。于是此后,外婆由看到过程变为听到结果。哪怕很小的进步,我都会立即拿起电话，外婆的回答一概是"太好了，继续努力啊。"外公总是埋怨外婆记不住"太好了"的具体内容，所以后来常由外公接电话来传达。然后外婆能记住的仍是"太好了，要努力。"

今年假期，又到外婆家时，外婆依旧跑着急匆匆来开门，然后从旧布兜里拿出新买的零食来说："给你留的。"我知道买给小表弟的零食外婆总会先留一份给我。之后我惭愧地告诉外婆，不过几天就又要出发了。外婆没有流露太多遗憾的情绪，而问：被褥都准备好了？还有什么我能帮上的？

外婆总以为自己帮的大都是琐碎，可谁都知道，事实不是这样。

从外婆家走出来，我又想去看看外婆的湖，后来又不敢了。很多东西其实只有在记忆里，才能永不褪色。

我们的一中

高考前的最后一节音乐课，音乐老师为我们放了《wake me up when september》。之后说：下一个九月，你们又要开始一段新的旅程。离别这个话题再不是一个浅浅笼罩的阴影，而成为实实在在的恐惧。

高考前几天，我与同学在校园里散步，然后开玩笑说：我若发达，将来带她到曼彻斯特，她若发达，将来带我到普罗旺斯。并用录音机录下来。大概是"苟富贵，勿相忘"的意思。我想当时，虽不可知但我们坚信美好的未来在远方逐渐膨胀着，我们感到了压力，所以想自我安慰吧。

身边的成人经常有高中同学聚会，然后私下感叹说大家变化太大了，让人无法预料。我也了解老同学在步入社会后关系经常会很微妙，我也知道，错不在他们。我们真诚，直率，抱着"苟富贵勿相忘"的梦想，只是因为高中实在太简单和美好。

过去班主任总告诉我们，高中的生活是最好的，因为有老师、家长，我们要考虑的就那么单纯的几件事。说实话，我当时不信。而现在，我知道自己走过的是一段不可重复的旅途。

我们在网上转发一个相册：我们的一中。春天的花，冬天的雪，湖面系着的木舟，弯曲的桥…无数的孩子由陌生，厌倦转为熟悉，依恋，并逐步成熟，走向下一个站点。

下一个九月，又一群如我们当时那样不懂事的孩子将于校园体会悲喜，祝福他们。

人生格言：一个人的快乐，不是因为他拥有的多，而是因为他计较的少。

学习感悟：不要过于关注目标，着眼脚下，自会收获惊喜。

个人寄语：人们总是在努力珍惜未得到的，而遗忘了所拥有的。

姓　　名：周彦栋
预录取院系：物理学院
毕业中学：上海市华东师范大学第二附属中学
获奖情况：第25届全国中学生物理竞赛（省级赛区）一等奖
　　　　　第26届全国中学生物理竞赛（省级赛区）一等奖

做一个有历史使命感的人

我从小学三年级开始学奥数，觉得思索数学问题能带来快乐与成就感，也能锻炼一个人的思维能力，于是自己就很热衷于这门学科。后来学的物理与数学相比有许多相通之处，而且两门学科的思维方式也很相似，自己原本对数学的喜爱也就或多或少迁移到了物理学科。

我不是一个喜欢外出活动的人，所以从初中到高中的每一个假期，我几乎都是一个人宅在家里，看看理科的书籍，享受着思考理科问题所带给我的快乐，也享受着寂静与孤独的快乐。我就这么把自己封闭在象牙塔中，一晃儿就几年过去了，外面的世界发生了多少变化自己都不知道，也不感兴趣。甚至我觉得这一生只要有数学和物理陪伴着我，就足够了。

但在象牙塔中待久了，也难免想要透透风，想要站在窗口眺望一下外面世界的景色。也就是在这时，外面的新鲜空气与无限风光叩开了我的心门。

高二的暑假里，我在网上看了一部纪录片《大国崛起》，原本觉得历史枯燥无趣的我却被这部讲述历史的纪录片所深深震撼。

15世纪，恩里克王子与哥伦布分别代表葡萄牙和西班牙开启了这个世界的海洋时代；面积只相当于两个半北京的小国荷兰凭借一系列新开创的金融和商业制度，在 17 世纪称霸；英国通过光荣革命，建立起君主立宪制，完成了向现代社会的转型。牛顿的科学发现、瓦特的万能蒸汽机、亚当·斯密的《国富论》等都为英国工业革命与自由贸易的到来做好了准备；对教育、科技高度重视的德国迅速走到了第二次工业革命的前沿，赶超英国，成为欧洲第一经济强国；苏维埃政权在十月革命后诞生，探索着从未有人实践过的社会主义道路。随着两个五年计划的完成，苏联一跃成为工业强国；第二次世界大战是美国历史的转折点，在政治、经济、科技、军事等方面美国都成为世界第一强国，并由此开始主导世界……

这部纪录片不仅向我展现了除了数理之外其他学问（比如政治、经济、教育）在促进社会发展过程中所具有的重要意义，它更是促使我思考：当我身处现在这个时代，回顾着过去的历史，看到的是大国的风起云涌、兴衰交替，那么在未来的某个时代，当未来的某个人回顾我所处的时代时，看到的是什么？

以前，我一直觉得现在这个世界变化得很慢，甚至感觉不到世界的发展。这或许是因为当初自己所处的象牙塔环境实在是太安逸了吧，让我没有意识去思考关于世界发展的问题，感受不到这个世界的风云突变；也可能是自己能够在短时间内纵观上下几千年的历史，固然觉得过往的历史是风起云涌的，而自己身处的这个时代所发生的新的历史需要一秒一秒地去等待、去体验，相比较而言就会误认为现在的世界几乎是静止的、不发展的。

而事实上，现在还远远不是历史的结局。我们的世界从过去到现在，走过了很多路，有了很大的发展，也有了很大的进步，但历史不会停下脚步。在未来，世界还是有很长的路要走，她可以变得更加完美。当然，在这个漫长的过程中，需要许多积极的历史事件来作为社会发展的铺垫，而这些历史事件，是要由人来创造的。

就本人而言，自己偏偏不早不晚地出现在当下这个时代，这个时代的历史正悄无声息地在我身旁与我同行，我就站在创造历史的门槛前，自己的一言一行都在书写着新的历史——可我以前从未意识到这一点，反而认为历史的发展与我无关，这个世界该怎么变化就怎么变化。

其实，在从小到大的各种政治教育中，我都被教导要热爱祖国，要为中华民族伟大复兴奉献出自己的一生，这就是在鼓励我要有创造历史的意识，只可惜当初自己还没有觉悟能认识到这一点。可现在做一下反思，却觉得这种教育的思想境界还不算是最高的——当然，能够情系中华民族也很好，很有思想觉悟。然而《大国崛起》让我意识到：大国的风起云涌、兴衰交替是不变的历史规律，这个世界上没有永恒不变的大国。唯独不变的，是整个人类在不断探索的过程中，推动着全世界在历史长河中前进。全球化把世界紧紧连在一起，单独一个大国的崛起是没有用的，只有建立永久和平、共同繁荣的和谐世界，才应该是人类共同努力的方向。

在有了这等觉悟之后，具有上进心的我就开始不甘于在一生当中仅仅守护在自己的象牙塔中，觉得自己应当要承担起用知识能动地改造世界的使命。

从此以后，怀揣着历史使命感的我在不知不觉中就成了一个很浪漫的人。我有时会做白日梦般地想象将来如何靠自己的力量来改变世界、使社会发展，也想过要为人类的进步奉献一生。总之，我要不平凡地度过这一生。

然而，浪漫终究会遇到现实。

在一次谈论爱情的班会课上，当老师问学生对将来的生活有什么展望时，大多数女孩子都选择了过平静、幸福的生活，老师则表扬称这是很现实的想法。我很困惑，什么是平静幸福的生活？上一所优秀的大学？找一份体面的工作？娶一位贤惠的妻子？培养和自己一样成功的后代？安安稳稳地度过下半生？无怨无悔地离开这世界？在我的个人偏见中，平静幸福的生活对于一个男孩来讲就是这样。当然，选择过平静幸福的生活这本身是无可非议的，哪怕是默默无闻地走过这一生，没留下任何东西——毕竟每个人都拥有追求自己幸福的最基本的权利。

但我也相信，在这世界上有那么些具有使命感的人，他们表面上过着平静的生活，但心里却不甘于让自己沉寂在自己的小世界当中，他们活着不仅是为了自己的幸福，他们还心怀天下，惦记着全人类的幸福。既然在我的觉悟的字典中有了历史使命感这个词汇，我想自己也就注定是这些人当中的一员。而对于一个浪漫的人来说，想要在平平淡淡的生活中寄托自己的使命，难受得就如同窒息了一般。

可是生活还是现实的，现实也是残酷的。如果浪漫不向现实妥协，结局可能就如同诗人海子悲剧的落幕。在一次次不切实际地幻想了自己如何改变世界之后，也该要切切实实地考虑一下以自己的能力究竟能做些什么。或许，对于像我这样从小到大一直在象牙塔中度过的人，在性格上还是比较适合于科研；或许，我将来会在实验室里默默无闻地工作，终究还是不得不面对平平淡淡的生活；或许，一种轰轰烈烈地改变世界的想法对于现实来讲实在是过于浪漫了，毕竟一个人的力量是难以改变整个世界的……

但是无论如何，既然我来到了这个世上，就要让这个有我存在的世界变得更美好。虽然不管是在时间方面还是空间方面，我都是渺小的一个点，可为什么我就不能在历史的长河中，让自己这个点所闪耀的光芒更加灿烂一点呢？

科研固然是平平淡淡的，但在世界的发展与人类的进步过程中也是不可缺少的一个环节。如果我能在科研方面贡献出自己的一份力量，造福人类，改善社会，也就算是不辱自己的历史使命了。

从接触《大国崛起》到现在有一年了。在这一年中，我不断在思考今后该走怎样的路来体现自己的人生价值，也在不断承受着各种激烈的思想斗争。有趣的是，自己绕了一个圈子，最后选择了科研，还是回归到了当初自己所钟爱的数理。不过，此时的我已非彼时的我,现在在我心中的,不仅有原来的数理,还新添了一份宝贵的历史使命感。也正因为如此,我现在能够处于一个更高的思想境界中来思索社会、探索宇宙。

不知将来,我的浪漫情怀在面对现实时还能保留多少,也不知浪漫与平淡生活之间的矛盾是否能够调和。但有一点是肯定的,我将一直做一个有历史使命感的人。在人生的海洋里,不管前方是一帆风顺还是波涛汹涌,这份沉甸甸的历史使命将一直伴随我左右,为我指引前进的方向。

个人格言:人生最大的快乐来源于奉献。

学习感悟:美国当代心理学家布鲁纳所倡导的发现学习法很适合用于学习理科。

个人寄语:从小学到初中,再到高中,每到一个新的阶段我都感觉自己的思想境界有了新的提高,希望在北大再创新高。

姓　　名：李　喆
预录取院系：中国语言文学系
毕业学校：广东实验中学

歌声伴我成长

若不是亲身经历，将无法想象原来成长——这个需要青春浇灌的过程，竟可以过得那么悄无声息。转眼，我已成年，即将走入大学校园。回想过往，太过年幼的回忆已经模糊，搜索那段宛若昨日才发生的中学生活，却发现有些事情，有些感受，需要细细品味，因为，那是我的成长最重要的一部分。

我从小便是一个不甘寂寞的孩子，执著于生活中进行着的点点滴滴，却不愿意让自己陷入单调与机械当中。于是，在我刚刚拿起铅笔学写字的时候，也拿起了画笔，用色彩与线条勾勒心中的好奇；在我习惯了坐在课桌前高声朗读的时候，也坐上了钢琴椅，任想象与童真在美妙的旋律中陶醉；在我站上讲台竞选班干部的时候，也登上了舞台，打快板、讲故事、当主持，第一次感受到语言艺术的魅力，第一次品尝到获奖的荣光与自豪。在各种兴趣中的徜徉，我领略到无穷无尽的艺术的惊喜，却也渐渐地找到自己的挚爱——唱歌。

然而兴趣，并不意味着浅尝即止。缘于热爱而大胆深究的我渐渐发现，原来看似随意的哼唱，经过专业训练，可以成为舞台上那些令人惊羡的天籁之音。于是，我加入了学校合唱团——广东实验中学合唱团，一个曾排名世界第三、享誉国际的合唱团。在这样一个优秀的集体中徜徉音乐的海洋，我的兴趣自然是获得了极大的满足，于歌声中领略古今文化，地域风情，为一个绝美的和声陶醉，为一个嘹亮的高音激动，为一段凄美的旋律心碎……另外，各种比赛交流的机会让我有幸游历世界各国，走出国门看世界，和不同国家、不同肤色的朋友手牵手，在舞台上共享合唱之魅，音乐之美。因为唱歌这一兴趣，我原本平平凡凡、简简单单的中学生活变得丰富多彩、充满感动，更重要的是，它时时处处给予我启发。

渐渐地，唱歌已不仅仅是情感的抒发抑或课余生活的娱乐。一心难以二用，当这个饮誉世界合唱团需要团员们用几乎所有的课余时间来训练、磨合，从而攀登更高的艺术之峰时，兴趣与学习之间的矛盾便悄悄地显露出来。临近比赛的时候，每每从合唱室的窗口窥见同学们相伴回家的身影，听见他们在操场上玩乐的嬉笑声，便感觉自己与同学们的交集仅仅只是课堂学习，相伴课后复习、互考互助的体验，对我来说少之又少；周一回校，当我还在为赶完作业而庆幸时，却总能听到同学们在讨论他们已做了多少多少课外练习，上了多久多久的补习班，心里的压力越来越沉，常常让我感到紧张和惶恐。

于是，我开始在学习与合唱之间摇摆不定，想过放弃，想过退缩。可是，学习是要务，唱歌也已成为生活中必不可少的一部分，在老师与父母的帮助下，我终究坚持了下来，并在高中找到了令自己满意的平衡点。

时间是挤出来的，我必须在有限的时间里用效率弥补合唱带来的缺失。课堂上贪婪地吸收，作业中积极地思索，积累中尽情地拓展，我坚守着"脚踏实地"这四个看似简单却极需毅力的字，用勤奋与严谨应对细水长流的学习。别人通过做题拓展，我就细心整理归纳；别人课外开拓，我便扎根课本。皇天不负有心人，效率让我走在前头，每次考试，我都能无悔于自己的付出。而令我惊喜的是，因为养成了积极思索的习惯，课外从师学习声乐的时候，我不满足于犹如孩童般的牙牙学语，而是像对待课内学习一样开动脑筋，在短短的时间内获得巨大的进步，领悟了更多声乐的美妙。

与合唱一同成长，我从普通团员，到一名领唱，从一名声部长，最后成为合唱团的队长，我知道，这不仅仅需要越来越成熟的演唱能力，更需要一种领袖的气魄。排练时，我要安排声部独立练习；演出时，我要关注细节，从服装到道具，从歌词到发声，提醒团员，协助老师；比赛时，不论站在国际舞台或是国内舞台，我要以气度与能力给大家鼓励与信心。不知不觉地，我在合唱团这个有别于班级的集体里，获得了更多也更具深意的干部工作经验。因为深信知识要会迁移运用，能力要有更多方面的施展，所以，我并不满足于只在合唱团运用我的所悟所学。我竞争担任班级的团组织委员，在组织策划团队活动的时候，加入了许多音乐因素和参加各种交流活动时学习到的活动技巧；高二时，结合自己的声乐特长，作为总指挥，带领同学们勇夺校际合唱节的第一名，让这个刚刚组成的文科实验班，在歌声中相互团结、在音乐中彼此依靠，获得全校师生的赞赏；走向高考的时候，更是运用自己的声乐特长，获得了北大的认同，最后以特长生的身份考入了梦想中的学府。

与几十个富有个性、来自各个年级的同学们一起训练、生活，我在不知不觉中学会怎样在集体中与人相处、与人合作。为了获得更好的合唱效果而各抒己见，为了互相鼓励而在台上眼神交流、十指相扣，我在歌声中领略了人与人之间的感动。于是，在班级中，我总能在合作学习中产生共鸣，在宿舍生活里给予真心，收获关爱，在每一天的清晨听到同学们真诚的问候。当然，我也会把学习中的经验与合唱团的团友们交流，把自己获得过的成功、遇到过的困难与下一届、再下一届的学弟学妹分享。

与团员们探讨音乐，为国家的荣誉并肩作战，为飘扬在领奖台上的五星红旗纵情高歌；接受他国合唱团员的家庭接待，交流彼此相异的文化，畅游壮观的科罗拉多大峡谷、肃穆的巴黎圣母院、幽静的多瑙河畔、美丽的富士山……因为坚持了自己的兴趣，因为不放弃唱歌，我渐渐明白这个世界有多大，梦想可以走多远。学习不是一种小我的挣扎，它有着非常宽广的领域，因此更需要一颗宽广的心去吸收、去感受。课内与课外可以是一个完美的整体，只要用心去发现其中的平衡，努力地把课内外的知识相互结合运用，兴趣与学习便能达到和谐交融，不仅为自己带来乐趣，更令自身获得意想不到的升华。

很快便要走进燕园，开始我的大学生活。无论未来有多少未知，我将继续坚持自己的兴趣。我相信，大学生活，会因为歌声而更加丰富多彩；我也相信，我的歌声，会因为自己的日益成熟而更加动听。我期待着，一个飘荡着歌声的大学生活的到来。

个人格言：每一个成功者都有一个开始。勇于开始，才能找到成功的路。

学习感悟：细水长流，脚踏实地，方能笑到最后。

个人寄语：欢乐属于达观者，希望赋予有志者，自信地追逐理想，勇敢大胆向前闯！

姓　　名：廖思颖
预录取院系：政府管理学院
毕业中学：武汉市第四中学
获奖情况：第十一届湖北省中学生运动会足球冠军
2008—2009全国高中足球联赛总决赛第八名
2008—2009全国高中足球联赛总决赛体育道德风尚奖运动员

征　途

看见录取通知书的那一刻，我就清醒的知道，自己又朝着追求的境界迈进了一步，不禁对未来充满了期望，同时又暗暗告诉自己，绝不能松懈，绝不能停滞不前。

"不能松懈，不能停滞"，这应该也是我18年的人生路途的写照吧。

每个人的成长经历都不相同，但是顺境和逆境都会存在，在我十二年的足球旅途上，在我十二年的学习生涯里，我经历了太多的磨难和选择，但是这8个字，使我坚持到了最后，做到了最好。

一

我踏上足球之路的原因十分简单。

那是小学开学的第一天，放学后，我路过操场时听到了一群孩子的欢笑声，急忙赶过去，就看见一群和我差不多大的孩子在操场上飞奔，汗水从他们脸颊滑落，足球在他们脚下飞快的滚动着，笑容在他们的脸上绽放。

看到他们如此的开心，我恨不得立刻加入他们，于是我迫不及待告诉教练自己想要加入他们行列的愿望。十分的幸运，第二天就开始，我就成了学校足球队的一员。

队员们大多数都比我大，一年级的新生球员里，先前没有练过球的只有我一个，发现了自己和大家的差距后，没有泄气，反而激发了强烈的好胜心。

我开始明白笨鸟先飞的道理，学会了利用所有可以利用的时间来苦练球技。课间，同学只要说想玩耍，我就马上拿出足球；周末，其他球员休息了，我还在父亲的陪伴下，在楼下的院子里，颠球、顶球、盘球、传球、射门……熟悉着各种基础动作。

没用多久，我就超越了所有队员。

在一群孩子组成的足球队里面，我成了人人害怕的煞星：他们怕我眼里锐利的杀气，怕我练习时的拼命，怕与我面对时我凶狠的阻截。

但是他们也很服我。进攻时，我的突破锐不可当，总能找到一丝的缝隙，将对手的防线撕裂，发出致命的一击；防守时，我能抓住对手的失误，上抢，卡位，断球，就像猎豹捕食，动作一气呵成，绝不拖泥带水。

我快乐着，成长着，完全不知道苦和累。

那时我有最美好的梦想，所有的教练都肯定我将来定有所成，我也相信自己能走得很远。

二

然而，人生总是会有逆境的，

不久，我就遇到了厄运，差点彻底改变我的人生。

四年级结束的那个夏天，我拿到了我的第一个冠军杯，却没有一丝喜悦：最后一战中，我的右膝盖被撞裂，核磁共振检查的结果是膝盖半月板上有阴影，医生的建议是"不要再碰足球"。

　　从拿到结果的那刻起，疼痛的感觉仿佛消失了，我茫然着，不知所措。

　　努力前进的人，他们的人生之路就好像是爬山，我也是这样。虽然我的路才刚刚开始，没有走得多远，但是我这4年一直在全力以赴地前行着，不快不慢，稳稳地前进着，也能看见远方的山顶。我不怕流汗，不怕路远，也不怕那些坎坷，但是现在我却被一脚踢下了悬崖，失重的感觉让我晕头转向。

　　路在何处？

　　我人生经历着艰难的考验。

　　我的身上有许多伤，它们是我十二年的训练和比赛留下来的，这些伤虽然让我疼痛，但是，我的心里却一直有一份自豪，因为它们是一般的男孩子们都没有的，它们是我拼搏和收获的记号，所以，我觉得那也是一种财富。

　　但是，这次的伤对我而言却是一个巨大的威胁。

　　放弃足球么？梦想是这么容易破碎的东西么？我的未来在哪里呢？我的快乐在哪里呢？

　　十一岁的孩子开始思考这些问题，惶惑着，分析着，求证着，承受着。

　　我用了一年多的时间来养伤，也用了一年多的时间来倾听、思考。

　　但是，我看不见自己的希望。

　　我已经做好准备放弃这让我快乐的运动了。

三

　　我要感谢我的启蒙教练。

　　五年前他收了我这个徒弟，五年后他又救了我。

当我决定从此告别足球的时候,他将我拉了回来。他把我带到了武汉市第四中学的操场,让我在这里开始新的训练,一切从头开始。

我获得了重生。

为了不辜负教练们的期望,我更加努力的训练。冬天里,训练体能,别人还在做准备活动的时候,我已经在奔跑了,头顶冒出阵阵热气,汗水却化为冰水顺着背脊流淌;夏日里,在40多度的操场上,别人躲在看台的阴影里聊天的时候,我在跑道上颠球、带球、传球……最后昏倒在地。

两年。这样的训练,我整整坚持了两年。

用了两年,我终于找回了过去的自己,回到了巅峰,然后开始享受和队友一起拼搏的快乐。我成了武汉四中足球队的队长,我和队员们一次次的代表四中、代表武汉、代表湖北在绿茵场上征战,收获着一个又一个的奖杯,一次次地品味着胜利的喜悦,享受着站在最高领奖台的兴奋……

没有坚持,没有拼搏,我到不了这样美好的今天。

四

在很小的时候,教练、老师和父母都对我说过,真正好的球员踢球不只是在用脚踢,更是在用头脑踢。

所以,我一直很明白头脑对于自己的成长的重要。

在球员中,我不够强壮,速度也不是全队最快的,我的天赋并不是最突出的,但是,我有许多人没有的特点。

我刻苦。能吃一天两天的苦不算什么,难的是一直坚持吃苦。我是队员中基础训练和体能训练完成得最好的,而这些训练的根本特点就是乏味、痛苦。

我爱思考。不仅思考足球的问题,也思考学习上、生活中的其他的问题，然后会努力去寻找答案。

我热爱文化课的学习。因为我知道，踢球所需要的敏捷的思维，正确的判断，冷静的分析，都可以通过文化课的学习，通过知识的积累，通过不间断的习题训练获得。上课的听讲和思考，课后的演算和讨论，所有这些都在锻炼我的思维，使我睿智。

而且，新知识的掌握带给我的快乐并不少于足球。

因为不松懈不停滞，我的高考分数上了一本；因为不松懈不停滞，我的足球考试通过了北大的测试。

将来我会继续努力地学习，继续快乐的踢球。

我明白人生本来就是不完美，但我更加明白，正是因为这不完美，人生才更值得让人追寻和回味。所以我会更加坚定的一直走下去。

个人格言：只要认真，没有什么不可能。

学习感悟：把握每一分每一秒就能取得优异的成绩。

个人寄语：认定前方的道路，勇往直前！

姓　　名：杨建波
录取院系：电子科学技术学院
毕业中学：河间市第一中学
获奖情况：全国高中生数学联赛省级一等奖，全国二等奖，化学联
　　　　　赛省级二等奖，生物联赛全国三等奖，河北省省级优秀
　　　　　学生干部

追寻北大的路上

我生来不是被打败的，我的血管里流动的也不是懦弱与认输，我相信命运掌握在自己手中，失败的屠宰场不是我的归宿。

出生在农村，我深知农村人生存的艰辛，把一生献给了黑土地与机械声轰鸣的工地。我的父亲就是这样。

记得在高三时，父亲带病去新疆打工，只为了筹集我上大学的学费，他已经56岁了。身为人子我情何以堪。我曾含泪在父亲节那一天写了一封家书，我告诉我的家人，我一定会给他们幸福，改变这一切。我从小学就是贫困生，一直都是。而贫困所给我的，是坚忍与拼搏，为了生存，为了尊严，为了改变家里的命运，我一定要考上好的大学，走出农村，让我的父母安享晚年，不再让别人看不起。

那时候怀着大学的梦想，却没有明确的目标。北京大学是在我上初中时才走入了我的生活。北大如雷贯耳的声誉与国家最高学府的独特气质深深吸引了我。"我要考北大"就成为了我发自内心的呼喊。那时我没有把这句话告诉过任何人，包括我的家人。我把这个梦想埋在心底，让她默默燃烧，给我光明与力量。所以我从来没买过新衣服，从没吃过零食，但我的成绩一直是最好的。当我以优异成绩考入考入河间一中，免除学费，并奖励3000元奖学金时，所有

人都为我高兴，但我知道我离梦想还很远。

我不是最聪明的，但我一定是最努力的；我不是学习时间最长的，但我是最用心的。高中三年，我的成绩很稳定，一直在年级前3名。但我并不满足于自己的成绩。我没有对自己母校的丝毫不敬之意，但上一次河间一中学子考入北大已是11年前的事了。当时没有人相信我可以考上北大，但我相信可以。

高二时我接触到了竞赛，我毫不犹豫地报了名。竞赛要求的水平高于高考，搞好竞赛可以说是对自己能力与思维的巨大提升，对高考也大有益处。在不影响正常学习的情况下，我开始研究竞赛。竞赛题对于没有接触过的人是对思维的巨大挑战，也是对心理尤其是自信心的"摧残"。尽管如此，我依旧在竞赛中找到了乐趣。第一次正式比赛是生物，我却从石家庄败落而归，生物竞赛要求很广的知识面，这的确是我所不具备的。但我没有放弃，转投数学与化学。功夫不负有心人，我终于在数学竞赛中获得了有分量的奖励，让我感到很欣慰。

2009年的冬天，我申请参加北京大学自主招生考试，但北京大学没有给我参加考试的机会，我很不服气。后来我才知道，北京大学自主招生实行"一对一"，即学校上一年有一个考入北大的学生，下一年就会给一个参加自主招生的名额。这让我很不甘心，我一定要证明给所有人，我可以。我于是更加努力学习，要在来年的高考中证明自己。

就在离高考还有138天时（我记得非常清楚），孙建涛，2008年湖北省大学生创业之星，来到河间一中演讲。他和我都是束城镇人，因此对他的奋斗历程早有耳闻，也从心底佩服他的胆量与意志。在演讲最后，他对所有人说，有谁敢上台来，站在桌子上喊出自己的志向。我毫不犹豫地走上台去，站在了桌子（很高）上，面对台下所有的同学、老师和学校领导，喊出来："我要考北大"。我记得很清楚，瞬时台下鸦雀无声，随后便是雷鸣般的掌声。我这样做是要让所有人监督我，给我力量。这个时候，我明白我必须要考取北京大学，否则别人会说我狂妄、无知。我没有退路。但有时候，没有退路，才会有出路。

高三下半年学习日益紧张，我的成绩一路上扬。从石家庄质检一到石家庄第二次模拟，我两次获得全沧州第一，一次获得全沧州第二。此时，我已经相信，我拥有了考入北京大学的实力。高考之前是我最难熬的日子，我离我的梦想越来越近了，信心满满的我走进了考场。

高考之前我睡得很香甜，我认为这是一件喜事，我可以圆自己的北大梦想了。高考第一天，一切都很顺利，即使数学没有答完，剩下最后5分分值的题没答上，但我依然很踏实，因为我已经发挥出了正常水平。但第二天的理综，因为过于看重，出现了重大失误，没有看清条件，致使一道化学大题没答上，也影响了后面的发挥。高考结束后，我很失落，我很清楚我与实际水平会差开15分之多。我也许要和北大说再见了。

6月23号晚，高考结果公布，我的成绩依然可以报考北京大学。清华大学招生办领导打来电话，希望我可以报考清华，但我毫不犹豫地拒绝了，我依然会选择北大，这所中国国际声誉最高的学府。报考志愿时，平行的5个志愿我只报了一个：北京大学电子信息科学技术。

7月24号，我收到了北京大学录取通知书，激动之情难以表达。11年后，河间人终于又打开了北大之门。

回首12年求学路，满是坎坷与艰辛。我没有华丽的辞藻来表达我内心的喜悦，但我知道，有很多人和我分享成功的快乐。我承担着家庭的重担，要为家人改变命运。是这样一个信念支撑着我，走向更远。

我感激我的父母，感激所有帮助过我的人，感谢贫穷，感谢坎坷。

天道酬勤，努力不一定成功，但不努力一定失败。

> 姓　　名：赖梦茵
> 预录取院系：法学院
> 毕业中学：广东实验中学
> 获奖情况：全国高中数学联赛三等奖
> 　　　　　首届广东 DI 大赛三等奖

那些日子，那些人

远　方

> 远方除了遥远一无所有／更远的地方，更加孤独／远方的幸福，是多少痛苦。
>
> ——海子《远方》

在我眼里，远方的魅力，就在于它的不可知。

出生在一个群山环抱的小山城，远方对我来说有一种莫名的吸引力。自儿时起，走出家乡，到外面的世界闯一闯的愿望就一直烙印在我的心里。

从小学到初中，我一直是学校里的佼佼者。中考考场上的沉着冷静，更是让我获得了进入广东实验中学学习的机会，但这也意味着离开熟悉的城市，离开熟悉的家人和朋友，独自到一个未知的远方求学。有过迷茫，有过退缩，我还是不顾老师和朋友的劝阻毅然踏上了求学的路途。来到这所省内名校，兴奋和激动充斥着我的胸腔。而语文书上的那篇《北大是我美丽而羞涩的梦》更是让我热血沸腾，于是，考上北大的梦想也悄然在我心中扎下了根。然而，在人才济济的省实，我显得如此渺小。在一次次的考试和一次次的比较中，当初的兴奋和自信几乎被消磨殆尽。当时的我，茫然而无助，当初的梦想也仿佛已经支离破碎。我想过放弃，想过妥协，然而在未名湖畔博雅塔前读书的愿望是如此强烈，让我一次次捏碎了放弃的念头。平复浮躁的心情，我重新拾起信心，一步一步，踏实而坚定。

求学的路途是枯燥而且孤独的，并且荆棘遍布，然而没有人能代替你完成这样旅程，你必须依靠自己的力量走向远方。远方，虽不可知，但却有痛苦的幸福。

风雨兼程的日子

既然选择了远方／便只顾风雨兼程。

——汪国真《热爱生命》

高三上学期末，当周围的同学纷纷得到自主招生的校荐名额，我变得着急了。抱着试一试的心态，我提交了北大自主招生的自荐报名表。也许是平时的成绩比较稳定，我获得了一个珍贵的考试资格。笔试时，我感觉准备得不够充分，做题有些凌乱。当妈妈把笔试通过的消息告诉我时，我高兴极了，感觉自己离北大又近了一步。但是，命运之神总是喜欢和我开玩笑。在接下来的面试中，我没能通过。那几天，我一直很郁闷，做什么都提不起精神来。站在操场的站台上，我看着夜色弥漫的校园，突然茅塞顿开。自主招生只是通向北大路途上的一站，虽然这次失败了，但是如果我连这样的小挫折都经受不起，就这样把自己束缚在一次考试中，那还谈何实现自己的梦想走入燕园呢？就如这小小的校园，如果我连这个校园都走不出，那我又怎能走向北大？走出低落的心情，我重新把眼光投向远方。

既然选择了那样美丽的远方,风雨兼程就在所难免!

经历了沉沉浮浮,在高考的考场上,我变得淡定而从容,在拿到试卷的时候,脑子里想的不再是高考,而是怎样能把这份试卷完成。背水一战,也能获得胜利的曙光。

有你们的日子

一路走来,感谢有你们的陪伴。

还记得初来乍到时彼此羞涩的笑容,还记得军训时每个人的挥汗如雨,还记得国旗前我们国旗班挺立的身躯,还记得大大小小的考试前互相的鼓励,还记得校运会里班委们不辞劳苦的工作和运动员们的矫健身影,还记得你们笑着叫我"毛巾",还记得无聊时闲聊的八卦,还记得我茫然时你们给我的鼓励和建议,……感谢你们,我的朋友,因为你们,一路走来,我知道自己不是孤单一人。

一模二模的考试失利,我仿佛掉到了深渊之中,看不到阳光,学习的重压也几乎把我压得透不过气来。然而峰哥(班主任)的一次次热心的谈话,为我提出了不少有效的建议;各个科任老师对于每份试卷详细的分析,让我清楚地认识到自己的缺陷和不足。考试前那一颗颗饱含期望的红豆,那一个个漂亮的幸运符,那一个个温暖的拥抱和鼓励的击掌,让我在高考的独木桥上充满信心,虽然摇摇欲坠,但却一如既往地坚定。

我知道,在那些日子,你们比我还着急,亲爱的爸爸妈妈。你们总是默默,却总在我最需要的时候送上安慰和祝愿。在你们眼里,我永远都是一个不谙世事的孩子。现在,我要一路向北,离开有你们的城市,但是我已经长大,请你们不要再处处担心我,我会把握好青春帆船的航向,勇敢地向未知的远方驶去。

时光的列车还在前行,追逐的脚步从不停歇,但那些日子,那些人,在记忆的碎片里如此清晰,无法磨灭。纵使以后天各一方,我仍会深深记住这些日子,这些人。

　　个人格言:既然选择了远方,便只顾风雨兼程!
　　学习感悟:高效率和有条理的学习会赢得考试时的胸有成竹!
　　个人寄语:学会选择,选择那些最适合自己的!

学生姓名：王　星
预录取院系：新闻与传播学院
毕业中学：山西大学附属中学
获奖情况：全国生物联赛一等奖
　　　　　高中化学竞赛二等奖
　　　　　两届英语竞赛全国一等奖等

余烬录

　　过去的日子就像一片片落叶，从生命的枝头飘然而落，承载着悲欣、生存的奋斗与成绩，回归大地，送还往昔。记忆，不过是捡拾几片意蕴最丰厚的叶子，小心地夹在书里，珍藏，偶尔在不经意间翻出来，沉寂的时光就能从尘埃的掩埋下苏醒，又变成最美丽的蝴蝶翩跹摇曳。这种诗意似乎不属于我。我宁愿把过去的回忆都聚集在一起，像落叶一样高高的堆起来，点燃它，让它们尽情地燃烧，在火焰的洗礼中升腾，在最灿烂的光芒中跳跃，释放出最后的光和热，释放出所有的积郁和沉默，释放出一切的结果和情感，不必顾忌，不必隐瞒，以生命最坦白纯粹的形式存在。最后化为灰烬，已经没有了水分的滋润和颜色的渲染。余烬，最简洁的记载，经历了一切，包容了所有。

　　燃烧时的那一缕青烟，是不是替我送达了对她的思念？妈妈，你收到了吗？我抬头望望天，在最洁白的那朵云上面，她会在那里看着我吗？对我微笑，说她为我骄傲？

　　在我进入初中不久，妈妈就生病了。不知道为什么我一直都坚定地认为她一定会好，虽然她一天一天地衰弱下去，虽然我知道她得的是肝癌，虽然她做了手术不见好转只见虚弱，可是我坚信，她一定会好，一定能回家。每次家长会前的考试，我都会拼命地考第一，希望哪一天她回来给我开家长会，能听到老师表扬我。我从来没有在她面前哭过，因为我们都告诉她她的病并不严重，只是养的时间会长一些。她总是很温顺地点头，静静地躺在黄白的被子里，就像个很乖的小孩子，好像只要她听话，就一定能康复。可是每当我走出她的病房，我的眼睛就像坏了的水龙头，眼泪不停地往下淌，但是从不敢放声哭，怕她听到。我叠了很多很多的纸鹤，我很久很久没有吃肉，我每天每天祈祷，我尝试一切可笑的方法，我相信一切能帮助她好起来的说法。可是还是有一天，我看到她静静地躺着，皮肤因为黄疸而黄的很离谱，眼睛闭着，好像睡着了，只是我知道她再也不会醒来，再也不会因为看到我而微笑了。不知道为什么我并没有突然长大的感觉，也许我早就已经长大了。长大不过是一个天真梦幻不断破灭、不得不接受残酷现实的过程。我终于不得不相信，她已经离开我了，再也不会回来。

我的生活突然来了一个转折，虽然变化无时不在发生，但所有的事情却在我失去了她以后更加清晰了起来。鲁迅说，经过了家道中落的人总是能看清世人的面目。我不觉得自己有他那么犀利的目光，可是我发现所有的依靠突然都脆弱不堪，孤孤单单的一个我，只有自己的力量能够依靠。生存和进步，都不再有人指引我，告诉我该怎么做，也不会有人提醒我现在的努力是多么重要。可是我知道，未来怎样，只能靠自己了。自我的价值在黑暗和迷茫中发出了光芒，就像迷雾中的灯塔，为我指明了方向，给予我温暖与力量。而且我总是以为，母亲会在云端看我，在我的光荣时刻对我微笑，在我的艰难时刻默默祝福我。我抬头看看天空，就什么都不畏惧了，所有的付出和坚忍，也都有了目的。

很难说到底应该如何度过高中时代。我的名字因为有了北大的修饰而有了光环。不断地有人带着虔诚的表情和觅宝的心态向我讨教学习经验，似乎都愿意复制我的高中经历，而且越是与勤奋有关的励志语言越能引起他们的认同和称赞。我不禁回想起来自己在台灯下阅读一篇流行一时的介绍学习经验的文章《人人都能上清华》,被里面所讲的"生无所息,学无所止","一山更有一山高,学中更有剽悍人"的境界激励得热血沸腾的情形。可是经验毕竟是经验,别人的经验在自己身上实行起来总是不可能做到一分不差,就像再好的方子也不能救所有的病人。一人有一人的生活轨道,一人有一人的成才之路,只有踏踏实实走好自己的道路,"以自己的方式度过人生",才称得上是一种成功。当然,我忘不了一千多个清晨的朗朗书声,一千多个夜晚上自习的灯火通明,各式各样的卷子上工工整整的笔记,在高三上半学期自己争分夺秒精心编写各科厚厚的总结。它们陪伴我度过了最难忘的一段日子,帮助我在书山题海中开辟自己的道路,记录着我的付出和思索,提供给我最充分的理由来实现自己的梦想。我也忘不了在准备生物竞赛的过程中,每天晚上发奋读书的情形,每一本参考资料都没有浪费,每一个夜晚都没有虚度。我就像个贪婪的"大食佬",认真地攻读每一本书,书上的每一行字,每一个插图,耐心地做笔记。每当我困倦时,我就想到了母亲,甚至想象自己能成为生物学家攻克癌症,让别的孩子不再承受与我相同的痛苦时,我的心里就无比温暖,身上也就充满了力量……在别人眼里我是个刻苦的学生,殊不知我从未觉得学习是辛苦的差事。它让我充实,让我明智,让我能够 make a difference。如果这样算苦,那么天地之中还有什么算是甜呢?

当然我也是幸运的。我结识了最好的老师们,不仅教给我知识和学习的方法,还教会我如何做人处事,就像我的母亲一样关心我。我结识了最好的朋友们,她们在我最困难的时候向我伸出了友爱的手,用微笑化解了我的哀愁。我找到了自己的天赋所在,并通过承担责任,发挥锻炼了自己的能力,学会了处理和化解实际问题,领导和合作。我的兴趣没有被为特长而特长的"特长"压迫,而是让我能够自由地接触自己所喜所爱。我用画笔描绘沾了露珠的叶子,我唱自己喜欢的歌曲，我用小学时学会的竖笛吹心爱的曲子，我在话剧里扮演别人都不愿演但我喜欢的坏人角色，我读自己喜欢的书，写心之所想，愿之所达。没有人强迫我必须做什么，没有人要求我绝对达到什么，甚至在热心家长眼中我是被"放羊"了。是，我不是丹青高手，不是声乐天才，不是围棋神童，没有过钢琴十级，没有出过书，没有上过电视，可是我从未不快乐。我宁愿当一棵长在野外的树，没有模范人工的姿态，却有最天然的品质。"那你会的东西有什么用呢？不是特长啊！"可是真正的快乐，必须是特长，必须有"用"吗？

把过去燃烧，在光辉中和过去告别。但我会留下最后的灰烬，不管是什么都无法摧毁的余烬，用它滋养我今后的生命，而所有的外在修饰，都不重要了。经过一场火的历练，烧去了所有的外在，留下了本质；经过了一场火的历练，凤凰在告别中升华，在烈火中超脱，在痛苦中磨砺，在光辉中永生。未来，又是崭新的了。

    个人格言：留得青山在，不怕没柴烧
    学习感悟：生无所息，学无所止
    个人寄予：学如逆水行舟不进则退，心如平原走马易放难追

> 姓　　名：倪冕文
> 预录取院系：光华管理学院
> 毕业院系：南京师范大学附属中学
> 获奖情况：高中阶段每学期均被评为校三好学生，并曾获追求超越奖、学业优异奖；参加费马数学竞赛位列前25%。

学会享受寂寞

夜，来了，冬日里凛冽的风吹落枯叶片片。深沉的漆黑充盈着这个世界的每个角落，唯有昏黄的路灯洒下斑斑绰影。街上路人稀少，路边一家CD小店静静地回旋着阿桑伤感的音乐："你听寂寞在唱歌/轻轻地 狠狠地/歌声是这样残忍/让人忍不住泪流成河……"

抬头仰望，夜色中烟火绚烂地绽放，然而却如流星般转瞬即逝。短暂的喧嚣过后，只留下无边无际的寂寞。一如高三的生活。高一、高二若是油画，色彩奔放而张扬，高三只能算是素描，黑白二色，虽是单调，却是最经典的色彩。

推开家门，我独自漫步街头。其实埋头在书桌前并非很久，却感觉好像过了几个世纪。深吸一口气，久违的欣喜之情涌上心头，仿佛清泉汩汩，流过干涸的原野。不是不想再看会儿，只是奈何不了心的寂寞，耐不住一个人挑灯夜读的清冷。此刻才深深敬佩《红楼梦》里的金钗们。妙玉与惜春，皆是芳华正茂的绣户侯门女，本该整日里和姊妹们玩笑游乐、斗草赏花，却摒弃一切世俗，日复一日、年复一年地独卧青灯古佛旁。看富贵、嬉戏为过眼烟雨，只守着自己那一寸清静之地。即使到最后"何曾洁"、"未必空"，但至少，她们为了个人的理想，坚守住了寂寞。而我呢？且说不必整日里吃斋念佛、囿于方寸之地，就已经有所厌倦了。仰望星空，双脚踏地，明明我也是天地间一个大写的人，为何迥异于她们？也许是室内待久了脑袋晕沉沉，我很惶惑。风呼啸着擦过耳边，渐渐清醒。我的生活，高三的生活，真的如此不堪么？

存在的便是合理的，高考制度同样如此。纵然其有千万种不是，但至少在当今这个社会条件下它是相对公平的，有一定积极意义。我——渺小的个人，暂时对此无能为力，能做的只是充满阳光地迎接挑战。可是，每日，上课、作业、读书，基本占据了全部的时光。无聊了、反感了……一个人，静静面对桌上的复习资料，有时仅仅是一两个小时，然而，苍白的面容，苍白的试卷，时间仿佛凝固。房内的一切保持着沉默，寂寞啊，无垠的寂寞，像抓不到边的黑夜，一点点包围我、紧紧箍着我。好闷，我快要喘不过气来，真恨不得立马冲出这包围圈、一把捏住高考的脖子，到那郊外去：广阔的大地、草天相连，一切都是那么新鲜、亲切。可是……我又做梦了。我失望地跌坐在椅子上，出神地看着远处的飞鸟，而后努力将思绪回到方才的试题上去。

我受不了与试卷独处的寂寞，却有人偏偏喜欢寂寞。"没有与人交接的场合，我充满了生命的欢悦"，张爱玲如此说道。她是真正能耐寂寞的奇女子啊，深居简出，任由想象的翅膀遨游。敏锐的心，流泻下华美的文字，在独处中领略生命的真谛，最终成就了滚滚红尘中的一朵奇葩。苏轼也是若此吧。蛰居黄州等地，看透世俗的喧嚣与虚伪，沉下心来，静思人生，没有浮躁，只有默默地享受安静，在静谧中提升自我，《赤壁赋》终得以流传千古。

受不了寂寞，是因为我的心太过于漂浮。缺少的是一种执著、一份坚守、不够认真，如同浮萍，太过于飘忽不定。既然认定，就应该无怨无悔，脚踏实地，风雨无阻。这是对自己的负责，更是对生命的敬重。"板凳需坐十年冷"，任何不安与躁动都会使得前功尽弃。古来一向如此，今人也不会例外。

学会享受寂寞，而后认识生命，认识自己。

个人格言：明天太阳依旧会升起。

学习感悟：在科学的方法指导下，一分耕耘，一分收获

个人寄语：好好生活，天天向上。

姓　　名：温曼莎
预录取院系：国际关系学院
毕业中学：宁夏石嘴山市第三中学
获奖情况：2007年全国中学生英语能力竞赛高一年级组一等奖
　　　　　2007—2008学年度市级优秀学生干部
　　　　　2008—2009学年度市级三好学生
　　　　　2009年全国中学生英语能力竞赛高三年级组一等奖
　　　　　2009—2010学年度自治区级三好学生

裂　帛

　　人生需要裂帛的勇气。

——题记

　　"四弦一声如裂帛"。一直在想，撕裂锦缎的声音，刺耳惊心，却也决绝坚定。帛，是张爱玲笔下那如华美的袍般的生命；裂，是接受它爬满虱子这一事实并勇于突破的态度。

　　最美的夏天，所有的忐忑与期待化作繁花盛放。觥筹交错之间，看着人们的笑容款款，听着他们的衷心祝福或者些许嫉妒，抑或是语气中掩饰不住的"她理所当然就该上北大"，微笑，心下寂然。跟爸爸说：好像全世界就我一个人惊喜，只是因为他们不知道我有多努力。

　　不聪明，不勤奋，不自信，固执得无可救药；很认真，很听话，有天赋，领悟能力强。这是我贴给自己的标签，泯然众人。拿到预录取协议的那天，有片刻的不真实感。毕竟北大是太渺远的梦，心上一席素榻，她端卧其间，美得不可触碰。

苍白生命，妖冶绽放。按部就班的生活，像棋子，终点是冥冥之中的奔赴，一切都逃不开云端那双翻云覆雨手。心底却有不安分的灵魂，没有循规蹈矩的天分，终究做不了标准意义上的好孩子。年少，叛逆或是急于证明我可以有不同的生活，换来放纵，声名狼藉。

燥热的夏天，在流言飞语中选择中途离开，决绝而痛彻心扉的姿态，以为在新的学校足以涅槃，却在后来终于明白逃避是最拙劣的方式。流言不会因为主角的离场而减了力度，环境不会随着你而变了属性，能改变的，始终只有自己。背负了很多，而后回到简单的日子，青春的小鸟褪下长不回的羽毛。学会在不怀好意的调笑中不卑不亢据理力争，学会心无旁骛地投入做到尽善尽美，学会珍惜身边不图回报的长久静默的美好，学会用事实证明铩羽只是为了积蓄腾飞的力量。初中生活揉着玻璃碴和纸飞机还是完美落幕，留下浅浅疤痕，不再疼。一直记得鲁迅先生的话："真正的勇士敢于直面惨淡的人生，敢于正视淋漓的鲜血。"直面，是锦缎裂开后掉落的丝线织入我心里的字。

后来的生命里，遇见你们，真好。爸妈是无微不至的呵护，老师是严中有爱的培养，你们，是让我卸下伪装真实自然的存在。你说我朝着某一座城市，某一片湖。你们知道"在未名湖畔的晓风里浅吟低唱"是我贴在墙上也刻在心里的梦想。只有你们，了解坚不可摧的强势外表下包裹的是柔软的灵魂。只有你们，知道我真的不是骄傲，冷漠只是因为不知道该如何表达友好。

窒息又茫然的高三，我在怀疑与肯定自己的循环中浮沉，未曾泯灭的，是想他和她都能陪伴我到北京的念想。一个风雨同路，一个念念不忘。他们说：莎，一定可以的。向来标榜内心独立强大的我在他们面前丢盔卸甲，变得安定。依赖感，揉进那些点滴的感动，织成素淡的锦，不朽。我在想你。尽管你不问"愿你的国降临，赐予我相同福泽"是什么意思，我要说：分我的福寿给你，如果不可以，那让我和你一样，承担相同的悲喜离散，直到我们把死亡分开。因你知，若你早逝，弦断有谁听？

看沿途风景，看往来过客，一夜长大。直到眼泪断了线，才明白原来最爱的男子，是爸爸。儒雅渊博正直勇敢，神祇一般完美的形象轰然倒塌，我一点都不难过，因为始终无法说服自己的心去相信。其实没有不可能的事情，就像你将我的信任一次次踩成齑粉，越走越远。可是我还是那么爱你啊，爸爸，哪怕这是我经历的18年来最不可承受的痛。呲——是什么在心底，裂帛的声音。捡拾一地碎片，编织好华丽馨香的锦，蒙上妈妈的眼睛，笑着流泪。

要走了，真正意义上的远行，最舍不得的是妈妈。宁愿妈妈你是妹妹，爱玩就玩有我照顾你。不是所有煽情的话都来得及有勇气说给你听。不要担心我没了你的庇佑如何安然成长。我不再是那个把世界想得完美无瑕的小丫头，在经历碎裂之后缝合的是更坚韧的灵魂。请相信：我会努力地照顾好自己。你们的爱，一直都在，不是么。

未来的日子。在我填上国际关系的刹那，着一袭素雅旗袍在孔子学院里教授对外汉语的梦想就注定走远。舍了魂牵梦萦的中文，弃了驾轻就熟的英语，毅然踏上了一片未知而广阔的领域开始新的探索。选择，便有勇气能担当之后的种种，不后悔。安逸的假期过后是需要重新燃起斗志的生活，披荆斩棘，坚毅前行。

裂帛，是面对苦痛失意离散时潇洒勇敢的态度。撕裂，是为新生。

个人格言：用力地握着笔，用力地生活。

学习感悟：心无旁骛，脚踏实地，不畏难，不浮夸，功到自然成。

个人寄语：Carry On Till Tomorrow.

姓　　名：邓思圆
录取院系：元培学院
毕业中学：重庆南开中学

路漫漫其修远兮

拿到北大的通知书的一刻，心底涌起一股莫名的兴奋。手上这一张薄薄的纸，不仅是荣誉的象征和对自己努力的认可，它更是一张通行证，其上书写着来自远方的呼唤——孩子，你即将走上新的征程，那里有你从未经历过的狂风暴雨，却也有你未曾见到过的光风霁月，一路上辛劳多于安逸，泪水多于笑窝，然而你要以你的努力、坚强和善良越过重重险阻，在终点等待你的将是你丰盛无比的一生。

回首过去的十八年，印象最深的还是那些自己最为受用的道理，谨在此写下与大家分享。

相信自己，你是最棒的

在《火影忍者》中有这样一个情节：洛克李在一个以忍术来判断一个忍者优劣的忍者世界里因为完全不会忍术而被别人嘲笑，而与他同班的宁次却是个天才忍者，小李感到很自卑，就在他哭着说努力是无法超越天才时，他的老师告诉他"李，你也是天才，你是努力型的天才。"正是这句话让小李重拾自信，最终成为一名优秀的忍者。

还记得刚上初一时的第一节英语课，完全没有英语基础的我听得是一头雾水，而我旁边的两位同学据说是过了几级几级的，很流利地跟着老师在说。我拿着课上没弄懂的内容问同学，可只得到不耐烦的几句回答和鄙夷的眼光，回到家被父母逼着开口说英语逼得眼泪都下来了。这样，本就好强的我更是觉得自卑。前几个星期的英语课我上得度日如年。也就是在这时，我看见小李的老师对他说"你是个努力型的天才"。我深受触动，决定一定要把英语学好，比所有人都好。每当觉得自卑难受或是难以坚持时，我就对自己说，"你不是一般的天才，你是努力型的天才"。

很多人觉得是能力让人更加自信，我却认为，是自信让一个人变得有能力。我们拥有这世上最宝贵的财富——青春。看吧，命运将梦想与实现梦想的能力都赐予我们。坐拥着巨大的财富，我们有什么资格说自己贫穷；手握着人人梦寐以求的能力，我们有什么理由自卑？我们应当自信，甚至狂妄。老夫还可聊发少年狂，我们不轻狂可就枉少年了。

成功，就是在你想放弃的时候再坚持一下

上素描课时，老师说明暗分界线才是最黑的；高三时，老师总说，太阳升起来之前那一刻是最黑暗的。应了那句老话——行百里者半九十，许多人不是没努力过，不是没坚持过，只是在成功那一刻到来之前放弃了。总有人说，我都努力这么久了，可也没什么效果，看来我实在是没那个命，放弃好了。放弃时，我们离成功仅一步之遥。

其实，人生就好像排队上厕所一样。运气好的，一进去就看见个空位，于是大呼好运，可这种情况并不常有；更常见的情况是守着一个位子排了很久，里面那位就不出来，看着旁边比自己晚进来的人都来了又走，心里大为恼火，于是痛下决心换位，谁曾想刚一走里面那位就出来了，看见刚才排自己后面的人进去了，又气又悔，心中暗暗决定下回定要坚持到底，结果下回死等到上课也不见里面

的人出来；心志不坚定者总是不停地换位，最后却无一成功。

命运的戏谑之处就在于此。山重水复多了，人难免不再愿意相信还有柳暗花明，其实也许再转个弯，就豁然开朗了。我始终相信，人在做，天在看，我们的每一分付出，上天都看在眼里，并会给我们相应的回报。并不是没有结果，只是我们的付出还不够而已。所以，既然选定了目标，就千万别放弃，最后得到好东西，不是幸运，有时候，必须有前面的苦心经营，才会有后面的偶然相遇。

坚持很苦，但只要我们学会享受这个过程，也会发现自己是痛并快乐着。走到最后，你往往会觉得其实坚持的过程比结果更让人记忆深刻回味无穷。故事好看，在于它跌宕起伏的过程而不在于圆满的结果。我们的故事，我们更有责任让它扣人心弦，令自己拍案叫绝。

珍惜对手

有这样的一个人，在你因长时间的学习而感到疲惫和厌倦时，你一想到他，便立时来了精神继续挑灯夜战；在你被成功的喜悦冲昏头脑时，他出现在你的脑海之中，提醒你前面的路还很长，你还有很多需要努力的地方；在你因前路茫茫找不到方向时，他的形象便如高大的灯塔，它的光芒穿过重重迷雾和厚重的夜，为你指引前进的方向；因为他，你成了食堂里吃饭吃得最快的人；因为他，你每天比别的同学提前半小时来教室自习；因为他，你走路时也不知不觉加快了脚步；因为他，你拒绝了周末出去玩耍的邀请，一个人埋头在图书馆将一周学习的东西整理了一遍；因为他，你独自一人走在夏日的树荫下忘记了炎热背诵着一个个冗长的英语单词……是他使你不沉溺于失败的沮丧，很快爬起来越挫越勇；是他使你的成功变得更有意义；是他使你坚强；是他让你成长。这个人，就是你的对手。

我何其所幸，有这么多优秀的对手，他们其中的一位更是我从小学六年级起就追赶的目标，至今他仍是我的偶像、我的信仰，只是看着他前进的背影，我也会觉得全身都充满力量。虽然偶尔也会有瑜亮情结，但只要体会过成功超越对手之后的空虚，才知道追赶的过程才是最值得纪念的。没有对手是件很悲哀的事，还记得金庸小说中那个天下无敌的剑客独孤求败，平生唯一心愿便是让一个比他强的人打败他，可终究还是求而不得郁郁而终。可见，一个惺惺相惜的对手远比一身天下无敌的本事重要。

做别人不愿做不屑做的事

优秀者之所以与众不同，大多不是因为他们想到别人想不到的事或者做到了别人做不到的事，而只是因为他们在大家都看见的东西上多观察了一下，在大家都想到的事情上多想了一层，做了大家都能做到但不愿做不屑做的事。很多人听了别人的成功经验往往感叹，这有什么了不起，我也会做，这很容易，大家都做得到。成功其实就在地上，只是成功者弯腰捡起来，失败者懒得弯腰而已。

许多同学将老师布置的看书、复习、归纳总结一类作业视为可完成可不完成的软作业，将抄写、整理笔记一类的作业视为低等的体力劳动而置之不理；而将时间大量投放在做题上。其实这是个很大的误区。书本上的知识和老师课堂上讲的内容都是精华、是基础，所有的习题都只是从中演化而来。脱离基础单单追求练习显然是不可取的。高三的时候，许多同学抱怨生物和化学的知识点多且乱，极易混淆，想通过大量做题来使记忆深刻，但结果往往是越来越乱。我也面临这样的问题，在发现做题无用后，我决定将生物书和化学书都抄上一遍，将所有的笔记都誊写整理一遍。在时间比黄金还贵的高三做这样费时费力的"体力劳动"无疑需要很大的魄力和毅力，很多同学都等着看我如何浪费时间。可是我还是抽出时间将两科的教材都抄写了两遍，当然这并不是简单的复制，而是在从头到尾梳理了教材的思路后，再将所有的知识点按照自己的思考习惯串了起来，辅以表格、图示来构建框架，再将知识点像砖一样填进去，同时我还归纳了易混、易错及相关的知识点，并从多个角度将知识进行归类。做完这些后我明显觉得脑中的知识不再像一团乱麻，而是有清晰的线索，这时我再翻看以前的错题，才发现以前大部分错题都是因为知识点不清晰所致，而以后我将几乎不再犯此类错误。

此时我深刻地意识到回看做过的题的重要性，于是我又把高三以来所有的试卷集中每天看一部分做过的题，但并不是简单地走马观花地看，也不是单纯地将做错的题再做一遍做对就行，而是将以前标记了的题（我一直都习惯将自己认为重要的题做标记）再看一遍，错题不仅要做对，更要将是在哪一步错了、怎么错的都批注在旁边，对于以前不会做的题，要标注出是哪一步没想到，为什么要这样想，并同时比较多种解法，找出自己认为最简单的解法，还可尝试用其他方法来解。做完这些后，我不禁感叹，回顾一道做过的题比做十道新题更有用。

无论是抄书，还是回顾整理做过的题都是很多同学不愿做甚至不屑于做的，但却切实有效。其实当我们现有的方法走不通时，一定要寻找并尝试其他方法，哪怕是你觉得低级疯狂的方法。

长路漫漫，险阻重重，但既然选择了远方，便注定要风雨兼程。

个人格言：The eyes of truth are always watching you.

学习感悟：学而不思则罔，思而不学则殆。

个人寄语：如果有天我们湮没在人潮中，庸碌一生，那是因为我们没有努力活得丰盛。

姓　　名：侯昀昀
预录取院系：新闻与传播学院
毕业中学：清华附中
获奖情况：北京市中学生篮球锦标赛第一名等

父亲的话

"你家孩子今年高考吧，考得怎么样？考上了吗？""恩，考上了！""考哪儿了？""北京大学！""呀，真厉害啊，羡慕死了……"这是一个意义非凡的暑假，到处充斥着亲戚朋友类似这样的话语以及爸妈满脸的骄傲与自豪！收到了通知书，爸妈比谁都高兴，拉着我到处走亲戚，完全不见了当初未见通知时的焦虑与不安。而对于我来说，自己多年尝到的艰辛与付出的努力终于得到了回报，更是一种宽慰之情。回想往事，历历在目，12年艰辛的求学经历，父亲对我说过的一些话，并没有蒙上时间的尘土，它们陪伴我走完了过去，走到现在，还会陪着我，走向未来。

爸爸对我说过：不要把敌人看得太强大，人家做得到，你也可以。

我知道自己和他人有点不同，我是一名体育特长生，两年前，我背负着父母与亲人的期望，独自一人来到北京求学，当时的我，充满了迷茫和恐惧，不知道自己有多大能力，能否在这样的大城市里独自生活。进入清华附中的第一个月真的特别辛苦，本以为自己的学习成绩和篮球水平还是不错的，可是来到这里之后才知道天有多么宽阔，全国高水平的运动员都集中在这里，而且全区的学习尖子也都汇集在清华附中，从未觉得自己是这般的渺小，天知道我有多想回去。平凡的成绩，平凡的球技，总是得不到老师与教练的肯定，想起曾经的班主任是那样的关心我，教练是那样的提拔我，突然觉得自己是个被抛弃的小孩，无助而又困惑，我觉得自己受到了天大的打击，就好比从九万英尺的高空狠狠地摔倒了地上。我还清晰地记得一次由于成绩的下降，我偷偷在洗手间里哭了整夜，没有人知道，也不敢对父母提起，就像一句老话说的：打碎了牙往肚子里咽。但这使我明白了，不管我怎样觉得委屈，这个世界还是不会迎合我，而我唯一能做的就是适应它，就像爸爸说的"敌人"并不是无法超越的。随着时间的推移，我渐渐懂得了这句话的真谛——不要小看他人，更不要低估了自己。

父亲也经常对我说："人不该为自己找寻过多的借口，只要有心就没有做不到的，如果你没有成功，那么理由就只有一个，你不够努力"。

多年的训练兼学习的生活让我明白了一个道理：想要获得成功就需要对自己残忍。手扭伤了，我可以跑步练耐力；腿受伤了，我可以练习上肢力量。因为训练而落下的课程，我可以用休息的时间来弥补……所以当体育考试完成后，大家纷纷为我道贺说我超常发挥的时候，我可以昂首挺胸地告诉他们："这就是我的实力！"在高考成绩下来后，老师夸奖我的时候，我也可以理直气壮地告诉他们，我真的很努力。一分耕耘，一分收获的道理大家都懂，但爸爸的话还让我明白了光有天分是不够的，如果不加以努力，那么天分将会成为把你推向平庸的一双手。

父亲告诉过我："对你好的人，不是光用眼睛就看得到的，要用心体会！"我要感谢那些真心待我的朋友和同学，他们就像我生命中的一束光，我骄傲自得时，他们会真心地提醒我；我情绪失落时，他们会用尽一切方法让我开心；当我成绩下降时，他们不会冷眼旁观，而是主动过来帮我；最关键的是，但我决心要考北大时，他们会拍拍我的肩膀对我说："上了北大不要有压力，开开心心就好。"真是由于他们的理解与关怀，我才能够拥有今天的成绩。爸爸说的对，对每个人来说，友情都是一笔难得的财富，是迈向成功的阶梯。朋友多了，路自然就顺了。而交朋友的唯一方法就是用心体会。而且大学的朋友是最宝贵的，真心的朋友不用太多，这两年的我很清楚朋友的意义，当你愿意结交一位真心的朋友时，什么骄傲什么利益早已显得微不足道了，只想用一份真心去换取别人的真诚。不知不觉中，我发现了原来人与人相处是一件这么奇妙的事情啊！

  父亲对我说过："只有当你为人父母的时候，你才会明白今天我为什么要这样对你。"曾经的我很不理解自己的父母，我总认为他们不爱我，否则他们不会把我自己一个人扔在北京，但当我拿到通知书的那时起，我才恍然发觉，这两年，辛苦的不止我一个，对于我来说他们可能不是最重要的，但对于他们来说，我却是他们的全部，当我在外面受到委屈时，我会向他们哭诉，向他们泄愤。而当他们在外面不顺利的时候，却总是在倾听我的难过，安抚我的心情。一开始我一百个不理解我的父母，为什么要费那么大的力气把我送去北大，让我承受这般压力呢？当初我愚昧地认为他们这样做只是为了满足他们的虚荣心，可是当我看到亲戚们那羡慕的眼光时我才真正的明白父母的用意，他们是想让自己唯一的女儿将来可以过的幸福啊！他们是希望让自己唯一的女儿在人生的最后可以无悔啊！或许有的时候，他们采取的方法是错的，但是天底下，又有哪个父母不疼爱自己的孩子呢？

  父亲还说过："人生就好像纵横交错的峡谷，只有明确方向和拥有勇气的人才能够穿越。"能够进入北京大学，在骄傲与开心的背后还夹杂着许多的不安，我明白，大学的生活与高中时会完全不同，真正的战争现在才开始，而这场战争我注定会打得很辛苦，我总是在想：手无寸铁的人怎么敢跟人家一身戎装相比呢。可是父亲却鼓励我要有信心，他相信我有战胜困难的勇气，让我勇敢地面对荆棘和坎坷。他常言；勇者无畏。往往人们最大的敌人就是自己。有勇气的人才能成为笑到最后的人，我也想成为这笑到最后的人！

我最喜欢的当属老爸那句常挂在嘴边的：不想当将军的士兵不是好士兵了。人一出生并没有等级之分，王侯将相宁有种乎？都说人不应有野心，可我并不这样想，我认为有野心的人才更容易有所成就，假如连想都不敢想，那做有从何说起呢？爸爸告诉我到了大学以后不要默默无闻，要多参加一些课外活动。我明白在北大这样的名校里想要做到出类拔萃是不容易，但我会记住父亲说的话。心有多大舞台就有多大，爸妈已经帮我把舞台打好了，现在就看我们能否在这个华丽的舞台上唱一出好戏了。

读万卷书不如行万里路，行万里路不如阅人无数。不知不觉，父亲的话已经陪我走过十几个年头，有些可能早已成为穿堂的风，带走了当时的烦恼与不欢；可有的却早已刻入我的骨子里，他们会变成一艘船，带我驶向成功的彼岸。

个人格言：正中靶心的那只箭，在发射时就已经注定了他的不同。

学习感悟：感谢老师，感谢同学，感谢父母，让我在日夜枯燥的学习的时候，从未觉得孤单。

个人寄语：希望在北大能够做好自己，健全人格，学习更多有用的知识来提高自己，为以后的人生积累更多的经验，实现自己的梦想。

姓　　名：马越原
录取院系：元培学院
毕业中学：北京市第四中学
获奖情况：第9届全国"明天小小科学家"奖励活动二等奖
第21届丹麦科学大赛国际一等奖
2008年全国中小学生英语能力竞赛高中组二等奖

珍惜此刻，相信未来

那个黄昏，一如往日离校时的情景，我回望着身后熟悉的校园，只是那，是我正式在校的最后一天。在那些我倍加珍惜的日子里，我学到了许多，成长了许多……

勇敢地塑造自我

四中的高中生活充满着选择。形形色色的社团，"百家争鸣"的学科竞赛，种类丰富的科技活动，事务繁多的学生会工作……初入高中，我为眼前广阔的天地激动欣喜不已，拥有众多选择的机会是幸福的，但作出自己的选择就意味着割舍。在参加模联、科技俱乐部、文学社、多科学科竞赛一段时间后，我开始思考取舍的问题。我静下心来，对照着各活动的要旨和我的兴趣，排除"潮流"的影响，慎重而坚定地决定：保留科技俱乐部和文学社而退出其他。接下来的两年，我执着地走在自己选择的路上，不再迷茫，也从未后悔。后来，我的科技论文获得了认可，我的文章得到了发表，我更收获了珍贵的体验。还有一次令我记忆犹新的选择是在高三即将结束的时候，当我获得了保送，一种我始料未及的彷徨感油生于心底：

是否可以提前离开那些铺天盖地的试卷和习题？静寂的夜晚，我又一次作出了一个艰难却令我一直自豪的决定——留下。因为我认为自己更珍惜的是和朋友们一同奋斗的过程，或许备战高考是我更需要的历练……

李开复的导师曾对他说："你和你周遭的世界越不相同，你的角色就越为重要。"我知道，造就这份独特需要勇气、需要执著、甚至一时的寂寞。一次次的选择教给了我"to be unique"。

真诚地对待朋友

在我群英荟萃的集体中，各路高手施展才华，碰撞出智慧的火花。然而激烈的竞争带不走同学间真挚的感情。我享受并一直珍视着朋友间平实而真诚的情谊。我会永远记得她在我发烧的时候来宿舍看我；记得他无私地将论文发给我，让我学会了做研究的方法；记得她们在我伤心失落抑或怯懦时给予我的快乐和勇气；记得我论文答辩前朋友们充当听众为我提出建议时的情景；记得高三时大家彼此的鼓励……我尽我所能为朋友们做一些事情，心中亦常常生起一种幸福和甜蜜。

高中生活让我第一次如此深刻地体会到"团体"的强大，就像强大的德国"战车"。我们相互联系，为共同的目标而不懈奋斗着，也各自体会着那份无价的友谊。

"和大家在一起"曾给予了我多少安慰和动力。在和睦的大家庭中，我们相识、相知而相互关心，在那些充满友爱的岁月里，我明白了"我们是整体"。

努力地创造机会

高中班主任的话至今回响在我的耳际——"机会来了，你要抓住。"而现在,我更愿意补充一下:"有些时候,我们要学会创造机会。"我研究的课题是用数学方法解决建筑学问题,然而两个学科间的鸿沟让我感到难以跨越,我的探究遇到了瓶颈。那天我在网上查到了四中校园总建筑师黄汇女士的资料,经过一番思想斗争,我鼓足勇气拨打了她的电话,而这成为了我们长期共同探讨问题的开端。这位年逾古稀的建筑师常热情地把我招呼到她办公室,激情洋溢地讲述她曾经的设计思路,耐心详尽地解答我的问题。作为梁思成先生的关门弟子,她让我领略到了建筑学的魅力和大师的风采。我一直以为,认识她是我课题研究过程中最大的收获之一。

高中三年中,我第一次带领全校同学参与志愿者活动,第一次主持北京市科技俱乐部的周年庆典,第一次现场书法表演将我国的文化精粹展现给奥运家属团,第一次举行个人书法展,第一次策划了隆重的成人仪式,第一次组织同学向母校献礼,第一次筹备竞争全校的优秀班会……我很庆幸能够创造、抓住那些珍贵的机会,并在一次次的历练中快速地成长着。

在难忘的体验中我逐渐懂得:"机会青睐那些准备好了的人。"

大气地面对得失

贯穿我高中三年的是四中的一句著名的培养目标:"大气成就大器。"尽管时常将它挂在嘴边,我却一直没有懂得"大气"所蕴含的真正含义。

直到我经历过那几次科技竞赛的洗礼。在参加过国际比赛并荣获一等奖后,我满怀信心地投入到北京市科技创新大赛的活动中。我确定不疑地展示着我的项目,胸有成竹地讲述着我认为重要的环节。我从未想过会在这样的市级比赛中失利,而现实无情地打击了我。伤心失落过后,我带着复杂的滋味重新审视着那份已被我翻过几十遍的论文,意想不到地发现了几个曾被我忽略的漏洞,也渐渐参悟出"国外更注重课题的实用价值,而国内更要求论文(尤其是数学论文)的严谨性"。于是我修正了错误,拜访了建筑师,记录并完善了诸多新颖的思路和设想。当我带着面貌一新的项目站在"明天小小科学家"全国科技竞赛的展台上时,我感恩于曾经的失败,它让我冷静地看清自己、不断进步。比赛期间,黄建筑师发来短信,说了些鼓励的话,但我依然记得的是那最后一句:"即使失败了也不要怕,很多时候失败比成功更值得珍惜。"原来大家的体验是相同的。

让我有所感悟的还有和西部山区学生交流的经历。假期里,我代表学校接待西部来的同学们,当我讲述起丰富多彩的校园生活、形式多样的科研活动时,我看到了身旁那些羡慕、渴望的目光。我忽然觉得自己是如此幸福,拥有多方的资源、无限的可能,还有什么不能平和地面对?

我渐渐明白了何为"大气",愿用毛主席的诗句作为注解:"风物长宜放眼量"。生活总有起起伏伏,愿将目光放得长远些,将暂时的得失化为生命长征的积极体验;愿将视野放得开阔些,不如意总是相对而言,我们身边还有许多需要我们帮助的人。

回首来时路,那些闪亮的日子已深深刻印在我的生命中,令我珍重,让我流连。感谢我亲爱的父母、敬爱的老师、可爱的同学,你们的支持与帮助让我执著向前。

走入我梦想的燕园,脑海中总浮现起这样一幅关于飞鸿逐梦的画面:

横贯峰峦拂江渚,翼展翩飞自如。风霜雨雪笑看无。辗转为一梦,天堑变通途。

携来百侣游空阔,遥知鸿影非孤。书山学海共欢逐。轻栖博雅畔,冰心在玉湖。

个人格言：机会青睐那些准备好了的人。

学习感悟：求知若饥，虚心若愚。

个人寄语：Always aim high, work hard and care deeply about what you believe in.

姓　　名：魏玮
录取院系：元培学院
毕业中学：天津市南开中学

四年风雨路　难忘追梦心

未名湖、博雅塔，那湖光塔影的绵绵动人景、依依书卷情牵动着一个心中有着梦想与激情的小女孩的心……儿时的我就有一种不甘人后的冲劲，进入全中国最优秀的学府学习更是我心中涌动的期望。然而那时的我并不曾想，为了这个目标，我付出了多少艰辛，有着多少无奈的回忆……

迷惘的高一：小学和初中曾经轻松取得的傲人成绩，中考天津市前几的名次，竞赛中的多个一等奖，这些曾经炫目的光环冲昏了我的头脑，以为进入了南开中学理科实验班，凭借自己的一点努力就能稳居年级前二十，高三的生活似乎又是遥遥无期，我松懈了，放缓了追逐梦想的脚步……面对多才多艺的同学们在学校的各种活动中崭露头角，外表的怯懦最终战胜了内心的激情，无奈我只能是一个旁观者……一次次考试成绩的不如意，一次次与展现自我的机会擦肩而过，然而被迷雾遮住双眼的我，任由自己的心在迷惘的泥潭中越陷越深，于是我落后了……

浮躁的高二：此时我手中的苹果已渐渐退去了那份青涩，内心涌动着一股展现自我的澎湃激情，年级联欢会上担当独唱，策划并主持班会，运动会上彰显激情……那是一段快乐而值得回忆的日子，然而内心躁动的我还是没有处理好参加活动与学习的关系，虽然渐渐懂得成功需要努力的争取，但火热的激情还是掩盖了对成绩的失望，于是我前进了也落后了……

沉静的高三：浮动的尘埃飘落下来，回归心灵的那份宁静，也许这是大多数高三学子必经的过程。此时的我明白成败在此一举，两年的过失迫使我不再有时间欣赏前行路中的美景。虽然经历了那些对成绩的失望，对现状的忧虑，对未来的迷茫，但一个从始至终的信念支撑着我，让我相信这些仅仅是黎明前的黑暗，前方一定有一片光明坦途等待着我。虽然最终我的高考成绩到了北大录取线，然而当时短暂之间缺乏自信的我并没有在志愿表上书写我真正的理想，望着面前那张我并不想接到的录取通知，心中暗暗下定了决心……也许是我的心态太过起伏，也许是之前的错误难以弥补，最终的我没能冲破那片黑暗，让它成为了我痛苦结局的伏笔，于是我在前进中落后了……

忧郁的高四：为了心中那不变的博雅梦、未名情，我毅然踏上那追梦的旅程。看着那些曾经一起拼搏的同窗们进入北大清华，开启人生的新篇章，我的心苦涩而感慨。从未经历过重大挫折的我，曾经一次又一次地在内心呼喊这是为什么，一遍又一遍地仰望星空寻求答案，一回又一回地独自默默哭泣。也许是自己的痛苦太深刻，也许是自己的愿望太强烈，这一年我始终过得很辛苦，虽然已经得到了北大自主降30分录取的资格，虽然模拟考的成绩一直保持领先，我始终生活在忧郁的拼搏中，不断给自己提出更高的要求，逼迫自己去实现。终于，等待了多年的我收到了北大的录取通知书，尽管背负着巨大压力的我并没有完全发挥出自己的水平，但我知道我终于圆了我苦苦追寻的北大梦，于是我在落后中前进了……

在人生征途中的片刻停息，我回首，那或深或浅的脚印，那或明或暗的风景，那或酸或甜的气息，让我不禁欷歔感慨，只有用平和的心境、勤奋的状态、不屈的意志去精心雕琢心中的梦想，才能让我们的人生真正芳香四溢，这是想对那些怀揣着北大梦的人说的话，也是想对我自己说的话。

再次回到南开中学，这个让我经历了悲与喜、苦与甜四年时光的地方，她还是我初次见到的那个她，可我已不是那个我了，从无知到丰富，从懵懂到日趋成熟。回首这四年的风雨路，回望这四年的犯错与改错，渐渐地我省悟，人生并不总是一帆风顺，悲与喜的交替是人生的常态，面对成功的我们不能沾沾自喜，面对失败的我们不能自暴自弃；脚踏实地、坚持不懈是人生必备的品质，平和乐观、积极进取是幸福人生的必要前提。

进入北大，即将迎来我人生的一个新阶段，想送给我自己一句话：自信但不自负，真诚但不做作，展现自我但不锋芒毕露。最喜欢那句"回首向来萧瑟处，也无风雨也无晴"，平和淡定、认真踏实是期待中的我……

个人格言：有梦想并不断追求的人生才是精彩的人生。

学习感悟：也许勤奋的人并不一定能成功，但成功的人一定勤奋。

个人寄语：用真诚的微笑面对每天的生活，不管此时的阳光是否照在你身上。

姓　　名：赵勤勤
预录取院系：新闻与传播学院
毕业中学：河南省实验中学
获奖情况：河南省三好学生

转弯，通往燕园

初秋傍晚的阳光斜斜地打下来，影子如思绪一般被拉得悠长。几缕微风温柔地抚过脸颊，我顺着柳枝飘飞的方向，回望来时的路。它并未笔直地通向前方，而是"斗折蛇行"，在一次次转弯中，引我走向了梦中的净土。于是颔首、微笑，那种蜿蜒的美，是回忆的甘甜……

从竞赛到文科

初入高中的我，带着满满自信，走进化学竞赛班，这个省实验中学最优秀的集体。然而渐渐地，我产生了一种强烈的压抑感，面对来自全省的顶尖高手，面对比普通班重得多的学习任务，面对越发复杂艰深的习题作业，曾经享受学习的快乐渐行渐远，取而代之的是自卑与迷茫。但骨子里的争强好胜让我永不言弃、永不认输，日复一日坚持不懈的努力，换来了高中首次月考出乎意料的全年级第一名。看着自己高居榜首的名字，想起老师同学赞许与期待的目光，蓦然感到心头的压力又重了许多。于是更加刻苦，迫切地希望证明自己的实力，证明成绩的得来不是偶然，可现实却与此背道而驰，接连两次考试的失利毫不留情地击碎幻想，也让我开始摸索未来的方向。在无数次动摇不定和起起伏伏之后，我的天平终于向文科倾斜，因为我知道，文科才是我真正喜欢并擅长的，只有通过它，我才能走进从小魂牵梦萦的北大。心情开始明朗起来，仿佛喷薄而出的朝阳拨开了浓雾，前方的路愈发清晰，依然沾满露水的我披着晨曦迈出了更加坚定的脚步。

但现实又一次狠狠击打了我脆弱的心灵。当我把转文的决定公之于众，几乎遭到了所有人的反对——爸妈的斥责，邻居的教导，老师的劝告，同学的诧异……瞬间感觉自己仿佛站在了世界的对立面，也许我早该明白自己辜负了很多人的期望，也许我早该料到这个决定逆反了很多人的意愿……犹记和妈妈的一次争吵后撕心裂肺的哭泣，犹记每天清晨醒来时让我几乎喘不过气的压抑，犹记骑着自行车穿行于夜色时眼角滑落的泪滴，犹记伫立窗边与一轮皎月对视的痛楚。我从小就是一个听话的乖孩子，但是这一次，我决定顶住重重压力，坚持自己的选择，为了心底渐渐明晰的燕园梦。或许是因为我的执著，一段时间后，当初的反对者开始理解和支持我，最亲爱的爸妈也和我站在了一起。我坚强地走出了那段灰暗的日子，放下重负，整理心情，全心投入到学习中。阴云散尽后的阳光是最灿烂、最温暖的，伸出双手，就能触摸到她微笑的嘴角，于是我也绽放出最轻快的微笑。

虽然已经决定学文，但不甘落后的我依然没有放松理科的学习，甚至比从前更加努力。想起绞尽脑汁仍解不出物理题时急得落泪，想起晨光熹微中起床总结化学难点，想起全班同学比赛写数学卷子的火热——那是高一最充实的一段日子，我找回了久违的享受学习的感觉，也找回了充满斗志的自己。期末考试，全年级第二名，数学物理距满分仅一分之差，我用汗水与泪水为自己的高一画上了一个圆满的句点。郑重填写了文理意向，暗暗给自己加油，我明白，我已没有退路，只有勇往直前，向所有人、也向自己证明，我的选择是正确的！

高二分班后的第一次月考，我以高出第二名29分的成绩一举夺下文科年级第一。华丽的转弯。

梦,在前方;心,不彷徨。

从艺特到自主

怀抱棕褐色的温婉曲线,漫步五线谱铺成的小径,伴着流淌的旋律,在清风中低吟浅唱,看指缝间明媚春光。小提琴的曼妙身姿和动人音韵,就这样陪伴我走过十三载春秋冬夏。多少次透过窗棂眺望远方,想象着自己站在未名湖畔,轻奏一支小曲,澄澈的湖水倒映出蓝天白云绿树灰塔,也倒映出沉醉的身影与跳跃的音符,一同描绘"博雅塔前人博雅,未名湖畔柳未名"的水墨丹青;想象着自己坐在演奏厅中,身着优雅的燕尾服,与来自全国各地的才子才女共奏交响,聆听余音在四周盘旋的悠远,感受北大独有的博大与厚重。所以我选择了艺术特长生之路,希望美丽的琴声带我飞向美丽的燕园。

然而追梦的路远比想象中艰难。当练琴成为任务而不再是娱乐,我感到一种前所未有的负担;当反复练习仍无法拿下高难度乐曲,我看到暗夜漫漫无边;当学习与练琴争夺着时间和精力,我发现自己已身心俱疲。我开始问自己,当初的选择是否违背了初衷,是否摧毁了美好?可我又怎舍得丢下这个相伴多年的挚友,只有默默承受着寂寞与酸痛,风雨兼程。终于有一天,我惊喜地发现,曾经认为无比困难的乐曲已然能够顺畅地完成。手指在指板上跃动,弓子在琴弦上驰骋,音乐从悲怆到热烈,潇洒地奏响最后的和弦,我听懂了琴声也听懂了心声……

就在艺特考试的冲刺阶段即将到来时,我得知了北大试行"中学校长实名推荐制"的消息。一直以为自己与自主招生无缘,而学校的重视、老师的鼓励、朋友的支持让我改变了这一想法,勇敢地报了名。作为文科综合排名第一名,我毫无悬念地通过了初选,在第二天的校内面试中，又以沉稳自信的演讲与答问、精彩夺目的小提琴独奏赢得了评委的肯定。肩负着学校的荣誉，面对着舆论的压力，我不舍地告别了艺术特长生之路，转而投入到自主招生面试的备战中。但我知道，自己得以幸运入选，小提琴功不可没，我相信她会陪我一起走到永远、永远……

寒冬二月，初至燕园，带着忐忑与期待交错的心情。当那些在图片上无数次看过的景色真切地出现在面前，朱漆的门、青灰的檐、苍翠的松，高耸的新教楼、宏伟的体育馆、华丽的艺术厅，古老与现代融合的神韵在心底一次次翻动着波澜，阵阵寒风吹过，竟也幻化为流动的温暖。望着路上三三两两手捧书本走过的学长学姐，我知道我想要成为他们中的一个。数天焦急的等待后，我查询到了面试通过的结果，那一刻，没有太多的激动和欣喜，更多的是一种沉甸甸的压力与责任。于是在心里默念：燕园，我一定会回来！

这是一段音乐与文字共同编织成的似锦时光。如梦的转弯。人生如乐曲，正是因为无法预知下一秒将出现怎样的旋律，才拥有了引人入胜的魅力。认真把握住每一个偶然降临的机遇，前方的风景其实并不遥远。

从心碎到梦圆

距离高考仅有一个多月的时候，我陷入了高三一年最可怕的低谷——无论作了多少练习，依然感觉自己没有掌握什么；无论怎样小心注意，依然难以避免地做错题目——也许这就是所谓的高原期吧。看着停滞甚至下降的成绩，已近在咫尺的燕园似乎渐渐模糊，焦躁、不安、恐惧、压抑一齐涌上心头，曾经的决心、斗志、自信也渐渐被打磨，我的状态仿佛划了一道抛物线，却不知是否已然滑落到谷底，不知何时才能上扬才能逆转……三模考试，连冠高三第一的幻梦功亏一篑，然而我清楚，自己不能再这样沉沦下去。在日记里写下这样的话:"正如弹簧,在被用力下压后一定会高高弹起;正如飞翔,在俯冲后才能飞向更广阔的天地;正如登山,在走出低谷后必然会迎来新的高峰。当下的低潮,是在为未来的胜利积蓄力量!"

稳定情绪,调整状态,一步一个脚印踏实向前。我欣喜地发现自己在慢慢地好起来。高考前的最后一次考试,我的答题过程出奇顺利,用数学满分、总分第一的成绩向自己宣布,我终于走出低谷、攀向最后的高峰!精彩的转弯。燕园的倩影再一次清晰地呈现在眼前,我张开双臂,拥抱金色的夕阳,拥抱那个温暖的梦……

然而高考再次和我开了一个不大不小的玩笑。难度颇高的数学,让我濒临崩溃,强忍着难以平复的心跳和快要流出的泪水,交上了高中以来最不确定的答卷。走出考场,泪水瞬间决堤,朦胧中又一次感觉燕园离我远去,痛彻心扉。入夜,星低垂,久久未眠,黑暗中摸不到未来。第二天清晨醒来时,眼角泪痕依稀,对着镜中的我上扬唇角,告诉自己,前路从未中断,只要有一丝希望,就绝不气馁绝不退却!重新昂首阔步迈入考场,我明白,要用双手书写自己的博雅梦、未名情……

半个多月近乎煎熬的日子过后,电脑屏幕上终于出现了那个并不很高却毫无悬念的数字。心在刹那间释然,曾经的所有挣扎、所有委屈、所有苦涩烟消云散,磨剑十八载,圆梦在今朝。粲然的转弯。再次打开相册,凝视那些熟悉的风景,百感交集。下一刻,我将投入她的怀抱。

思绪徐徐收拢,我转过身,遥望前方。曲折的小路依然在延伸,通往看不见的远方。我已更加懂得,正是在一次次转弯中,我们挥动青春的羽翼,飞向梦想的乐园。未来的路上,我将微笑着,在阳光下、微风中,且歌且行,不断转弯、超越,从燕园,走向属于我的明天……

个人格言：天道酬勤。

学习感悟：享受学习莫感痛苦，注重效率莫拼消耗，选对方法莫随大流。

个人寄语：生命不止，奋斗不息。

姓　　　名：晁　译
预录取院系：北京大学法学院
毕业院系：北京四中
获奖情况：第二届丘成桐国际数学奖中国华北赛区二等奖
　　　　　29届北京市科技创新大赛一等奖
　　　　　24届全国科技创新大赛三等奖
　　　　　2008年北京市应用数学知识竞赛 一等奖 论文三等奖
　　　　　2009年北京市应用数学知识竞赛 论文一等奖

相　册

夏日的午后，正忙着收拾屋子的我在一堆旧书里发现一本形状很不一样的书，布制的封皮，厚厚的书页。我好奇地抽出这一本书，原来是本相册。

沙沙，翻开相册，花花绿绿的照片看上去很有趣。

男孩在一岁的生日上抓周，邻居和父母充满期待又慢含笑意的注视下，男孩拿起了离自己最近的一支毛笔。"以后兴许是状元呢。""以后肯定好读书，好好培养啊。"大人们半是戏谑半是祝福的声音里，男孩不知道，自己不自知地做出了第一次选择，人生理想选择。

男孩四岁的时候和父亲一起去游乐场玩，游乐场有很多毛绒玩具卖。男孩走过去拿了一个自己喜欢的玩具。"多少钱？"这是父亲的声音。"钱是什么？""钱是可以让你把玩具抱回家的东西。""那我要好多好多的钱。"男孩想，以后一定要赚好多好多的钱。

男孩在七岁的时候迷上了《名侦探柯南》，从祖父那里要来了一个旧烟斗，从衣柜里拿出了爸爸的西服外套，天天穿着大到拖地的西装外套，拿着烟斗，带上祖母的老花镜，拿着放大镜在屋里走来走去，寻找"蛛丝马迹"。男孩羡慕柯南的智慧，男孩也想拥有那样聪明的头脑。

男孩在十岁时爱上了头文字 D，每天晚上 6 点准时坐在电视前看拓海和不同的人比赛车。男孩会在拓海获胜后喝彩，拓海失败的时候，男孩也很伤心，直到男孩第二天看到电视里的拓海仍在坚持比赛，赢得胜利，男孩的心情才会突然变好。男孩喜欢极了那个不断迎接挑战的拓海，无论对手的实力多么强劲，拓海都不会畏惧，拓海都会用自己最好的实力和对手比拼，男孩喜欢这样的拓海。

男孩在十二岁参加了一个父亲同事的葬礼，父亲的这位同事很富有，葬礼也办的十分风光，然而男孩听到父亲同事的遗孀哭着对父亲说："他一辈子忙着赚钱，钱赚了不少，还没来得及享受，他本来还想今年年底去趟欧洲旅行，可……"她伤心的哭泣中，男孩突然发现，世界上也有金钱也无法左右的东西。

男孩在十三岁的时候突然想做医生，因为他看了白求恩的那些故事和影像资料，阅读了和白求恩相关的很多书籍，中文的，英文的。男孩又突然想做作家，因为他觉得《哈利波特》给他带来了莫大的快乐，男孩的很多同学也和自己一样喜欢《哈利波特》，男孩想成为像 JK 罗琳那样的人，用自己的笔为全世界带来快乐。男孩的妈妈有时候会笑着和男孩说："只可惜你的生命只有一次，不然你可以把你想做的都做一遍呢。"

男孩在十四岁的时候碰上了一位很喜欢旅游的老师，每天看着那位老师讲述着不同国家的风土人情，展示着不同的文化，男孩也爱上了旅游。男孩买的一本旅游杂志里这样写道："旅游，不该是你只有放假时才考虑到的事情，这是你一生的功课。"

男孩在十五岁看了泰坦尼克号，那是男孩第一次在看电影的时候哭了。回到自己的房间，男孩仍止不住泪水，那一夜男孩想了许多。男孩想到，生命那样珍贵，而世界上还有能让人甘愿付出生命的力量。人的生命都很有限，而却又一种力量能在时间的洪流中保持一种感动。

我便是这个男孩,相册里这样引起我回忆的片段还有很多。

一岁,我还不懂得生命的意义。

四岁,我找到生命中的第一个追求:金钱。

七岁,我找到生命的第二个追求:智慧。

十岁,我想成为一个这样的人:勇敢迎接挑战,不气馁,不灰心。

十二岁,我懂得金钱也许并不是生命的追求,而是完成生命意义的手段。真正生命的意义,也许不在于生命终结时账户里的数字,更在于一种完成生命的方式。

十三岁,我想为世界带来快乐。

十四岁,我想了解这个世界。了解这个世界的人们,了解他们的生活,分享他们的快乐,分担他们的忧愁,为这个世界做些什么。

十五岁,我发现爱的力量那样纯粹,那样打动人。也许,这才是一种永恒。

谁曾经说过:"用一生的时间,寻找自己生命的价值。"相册里的瞬间,忠诚记述了那些曾经让我思索过生命意义的瞬间。人是一直会思考的芦苇,因为有了方向,我们的生命才有意义。

合上相册,我会一直努力的,成为我想成为的人。

个人格言:认真而快乐地完成自己的生命。

学习感悟:兴趣是最好的老师。

个人寄语:做最好的自己。

> 姓　　　名：邹圳超
> 预录取院系：新闻与传播学院
> 毕业中学：华南师范大学附属中学
> 获奖情况：华师大优秀团员干部　全国地理竞赛二等奖　三好学生
> 　　　　　优秀毕业生

蝶恋花

让生命化蛹为蝶，只为寻求自己爱恋着的唯一一朵最绚丽的花儿。

总是自然而然地诗化自己的经历与追求——或者可以说，这个经历与追求本身就很美：我化蛹为蝶，只为心目中唯一的一朵花——燕园。

播·有梦不觉天涯远

"亲爱的宇宙，我想要成功考取北京大学，因为燕园是我的梦想之地，我希望自己能在这个国内最好的学府里锻造自己，同时也为了实现家人的心愿。感谢您，为我移除阻碍这件事情的信念或模式，并且以您认为最好的方式来帮我实现它。"这是我考前三个月里，临睡的时候都会虔诚祈祷的文字。祈祷可以给人以力量，每当这时候我都会觉得这个梦并不遥远，我触手可及。有梦不觉天涯远，有梦想浸润的种子才有结果。

我，虽然来自香港，但是燕园，像许多人一样，也是我美丽而羞涩的梦，是一块心中最圣洁的地方。燕园也寄予着从内地移民至香港的父母对我的期望——他们把我送入广州的重点高中学习就是为了让我考取北大可以更有优势，于是我油然而生了一种使命叫做"不辜负"。于人于己，燕园都值得追寻。尽管对于来自香港的我，这个寻梦之旅可能更为遥远。很多人会问我，为什么没有选择香港大学，原因很简单，我只是想要去一个更有挑战性的地方，一个东方文化涵养更为深厚的地方，一个有我和家人的一份情结在里面的地方。

耕·天高地阔任我行

高一的时候，学校提供了多姿多彩的各种社团活动，不管是电视台还是模拟联合国、各种演讲文艺比赛，大大小小的活动我都积极参与，同时还是团委的主要负责人，工作很忙很忙总是挤掉课业时间。虽然自己在活动中做得红红火火，经受了锻炼，但学习成绩就很不理想，还考过数学全班倒数第一。这时候我对自己经常说的话就是："失败是成功之母"。我从不敢正视自己的梦想，我知道那已是遥不可及。虽然自己的高一从无懈怠，但是学习时间的匮乏还是让我比创新班的其他同学落后一大截。在慌乱的学习中我迷糊了前方的路，在茫然中升入高二。尽管学习处处碰壁，好在我天生励志，总能当泪水在眼里打转的时候，微笑应对——或者考不了北京大学留守香港也很不错嘛！乐观使我免于在失意中沉溺太久，也正是积极向上的态度把我从深渊中救起。

当深刻认识到自己学习上的问题之后，高二之后我就退掉了大部分的社团活动（留任团委组织部委员）为学习留时间了。在创新班里的压力很大，特别是当自己处于追赶的状态时。我要为自己以前的错误负责，所以我也甘愿忍受这一段难熬的日子，而那时候的我还不知道自己已经在吐丝了，慢慢地开始了自己的寻梦之旅。

高三，就在这个重要的时间里我遇到了值得感激一辈子的老师，班主任胡老师。她让我做班长，也让我担任她的数学科代表，她那永远信任的眼神让我重新审视自己。胡老师帮我找回了遗失已久的自信的理由——我是质优生，我们每一个人都要相信自己亲手筑就梦想的能力。作为班长，我应该成为同学们的榜样，这就在无形中敦促自己要比其他同学更为优秀；因为工作与老师的交流多了，我也能获益匪浅。特别是担任数学科代以后，我的弱势科目以加速度进步，反而成为了自己的优势科目。这些进步的动力源泉也是为了"不辜负"，我感激我的班主任，这一切努力都值得。

因为老师的鼓励，我直接放弃了香港的高级程度会考，剑指北大。但是，由于我是香港学生，不能参加广东高考，如果要考取北京大学，就要参加全国港澳台侨联合招生考试（简称联考），但是其考试大纲与广东省的高考有极大出入，高三的下学期，我觉得自己不能再沿着学校的路子来走了，便决定休学半学期自学联考的考试内容。自学的日子就像幼虫在茧中一样，但学习本身就是孤独的，在梦想的鼓舞和家人的支持下，我克服了懒惰和投机心理，凭着执著的毅力，一步一步地耕耘着自己也未知的华丽蜕变。

收·无限风光在险峰

联考是在3月份就要填报志愿的，那时的我还在犹豫是否应该选择北京大学，因为北大在联考招收的文科学生人数只有寥寥4、5个，如果考不上只能退到第二批次的大学，所以想要在众多的港澳台侨生中脱颖而出是很困难的，存在的风险极大。恰逢最近几次给自己的模拟考试都不理想，这时的我，又却步了。由于又错过了香港会考时间，我别无选择，只能考内地大学，经再三思量，我忍痛割爱放弃了北大，选择了人大。就这样过了几天，戏剧性的事情发生了。联考招生办的老师竟然打电话给我，通知我北京大学今年改革，报考该校的学生只能选择专业大类，要我去网上修改。我很吃惊，告诉老师我已经把之前填报的北大改成人大了，电话那边听了几十秒后说是他们系统出错了。放下电话，我大脑里突然浮现了一句话"最重要的，是拥有跟随内心与直觉的勇气"。思考了一个晚上之后，就在报考截止日期前一天，我咬咬牙重新选择了北大，下了一次人生最大的赌注，也正是这一幕改变了我的未来。

是的，三个月的独自一人的备考过去了，5月份的联考也顺利结束。在漫长的等待中我迎来了好消息——成功地被北京大学录取了。即使已经知道结果了，我也还在后怕，差一点就与自己长期以来梦寐以求的那朵花擦肩而过了。选择成功，真的需要无比的勇气。

藏·水流花开且从容

我既不是聪明绝顶的保送生，也不是身怀绝技的特长生，更不是从高考的全军万马中杀出重围的尖子生，我就是我，一名来自香港的联招考生，从那一小批的港澳台侨生中走出。丛林之中，我只能选择一条少有人走的路，但是我并没有畏惧，因为我相信自己的实力，即使要披荆斩棘，即使现象丛生，只要梦想不灭，便可以将羽翼淬火，飞抵阳光灿烂之甸，找寻自己恋着的花儿。

多年的梦想，一朝成真，只是欣喜的背后自己已经有了更多的冷静，毕竟该得到的，联考前已经得到；未得到的，还要自己去追寻。

湖水未名。

人生未名。

后记：每一个理想，在付诸于现实的过程中，充满了坎坷，各种困难不可胜举，还有种种的可能让你偏离既定的轨道，这些都是我们生命中的"茧"。但有些东西是我们都可以选择拥有的，比如自信、毅力、勇气和敢于梦想的雄心，它们是帮助我们穿破命运之茧、由蛹化蝶的生命之剑。当我们能做到时刻为理想而努力，这时候理想便不再是梦想，而是一个真正存在的路标。

人生可以不断上演的，就是——让生命化蛹为蝶，只为你恋着的花儿。

人生格言：成功不在别处，它躲藏在我们的心里，微笑着等待我们转过身来。

姓　　名：张辞修
预录取院系：历史学系
毕业中学：北京陈经纶中学

梦之四季
——北大，我无畏的希望

春

春，是苍翠，是温暖，更是万物萌生的季节。"野芳发而幽香"，随着大自然一起萌生的，还有我的北大之梦。

当初，我刚学会走路，刚学会表达。不谙世事的我，还不知什么是未名湖，什么是博雅塔。但从长辈的口中，我得知有个圣殿般的地方叫北京大学。于是我默默地记住了这个地方，默默地留意着北京大学的消息。

稍微大了一点以后，看电视，读报纸，一条条关于北大的新闻跳入我的眼帘。原来，北大是这样一个地方：有婀娜多姿的未名湖，有耸立擎天的博雅塔，有苍郁青翠的林荫道。身虽未至，心向往之。北大，在我稚嫩的心灵里，刻上了她的第一道印记。今日，梦圆时分，我还能触摸到那久远却未锈蚀的痕迹，久久，久久地不能忘怀。

北大，成了我遥远而模糊的梦。

夏

夏，是繁茂，是勃发，是生命的高潮。"佳木秀而繁阴"，大自然把最优美的舞曲留给了夏,生活把梦的高潮赐给了我。

很小的时候,我捧起了历史的书本。从此,中华五千余年的文明开始铸造我的灵魂。在为中华民族深感自豪的同时,我也开始领略她恢弘的人文气息。我迫切地想找到一块土地,一块能让我尽情呼吸芬芳气息的土地。目光再次聚焦到北京大学,聚焦到新文化运动和蔡元培,聚焦到爱国的五四运动,聚焦到北大考古为夏商周断代作出的贡献……于是我醉了,醉在梦里。

在这个生命力旺盛的季节里,我早早地开始了收获。暂且不论七岁看完上下五千年的"壮举"。单凭对每个历史朝代,各个历史事件,各色人物的了如指掌;或者一年半之内拿下剑桥英语三级,包括二级北京市优秀学员,我没有理由妄自菲薄。或许我不是那么强大,但我的确与梦中的目标如此之近。我似乎已经吻到了北大的校门,只是身体依然飘在后面,滞留着,没有向前。

多年后,回想起当初:原来,我曾离梦如此接近!

秋

秋,万物肃杀。常常是一夜之间,昨日茂密翠绿的树叶变成了枯黄。然后一阵风拂过,黄叶就变成了落叶。这使人联想到繁华的瞬间而逝,联想到那句"宫阙万间都做了土"——无比悲怆、无比凄凉的诗句。

似乎这就是命运吧!任何人都不能逃离这四季的轮回,我也是一样。初二以后,昔日积攒的成绩,昔日有过的自信,昔日赢得的赞誉,仿佛被一阵风,吹散得无影无踪。他们走得那样急,那样快。我哭着去追,拉住他们的衣袂,祈求他们再给我一次证明自己的机会。只是我如此的无力,他们连头也不回,或许是厌恶了我这张脸。我眼睁睁地看着他们远走,眼睁睁地看着自己失去了追逐梦想、追逐北大的一切资本。

时间的车轮在向前不停地滚动，可我，离北大却渐行渐远。

俗话说，哀莫大于心死。我真的不想让自己继续悲哀下去，不想从此自暴自弃。有时，当我再次失败，离北大又远了一步，我偷偷地看着她的大门，偷偷地叹气，偷偷地哭泣，怨恨着自己的无能。我在想，也许那里真的不属于我。但是我想起了那些古人，想起了那些高高在上的帝王们。他们原来也曾失败过，不是吗？历史这样告诉我：

当初汉高祖数败于项羽，刘玄德被敌人追逐得险些丧命，朱元璋被陈友谅欺压得喘不上气。可最终，刘邦在垓下逼得项羽自尽；刘备在汉中大败曹操，鼎立三足；朱元璋在鄱阳湖杀掉了陈友谅，开创明朝基业。对此，历史还有一个总结："所谓英雄，千锤百炼，矢志不改，如此而已！"

谁说失去资本，就没有追逐梦的权利？谁说只有那些沐浴着万丈荣光的人，才可以被梦眷顾？谁说知难就一定要退却？纵使我的成绩一落千丈，纵使我已没有了自信的理由，纵使原先的赞许变成了不屑，又能奈我何？北大，不是那些领先者的特权，对吗？

擦干眼泪，我笑着站了起来，笑着看那些挫折。"夫天将降大任于斯人也，必先苦其心志，劳其筋骨。"迎着秋风大笑，我就在这里，就在迎风前进，就在逆流而上。前方，是北大，是我的梦。狂风？骇浪？来吧！让该来的都来吧！"长风破浪会有时，直挂云帆济沧海！"我坚信，自己终有到达的一天。北大很远，但散发着耀眼的光芒。在黑暗中，指引我前进的路。我期盼着融入这光芒的那一天，想着那温热的光洒满我的身体。于是时间仿佛停滞了，我和北大的距离不再被拉远。

这，是真正无畏的希望。

冬

很多人不爱冬,是因为她的寒气逼人,是因为她甚于秋的肃杀。可在我眼里,冬的严寒是在为春的温暖做准备,冬的肃杀是在为春的生长做铺垫。正所谓,物极必反。雪莱就是我的知音,不然他怎会说:"冬天来了,春天还会远吗?"

或许一切都很艰难。恍惚间,离高考只有两年多了。我和北大的差距依然那么大。不过让我庆幸的是,由于我的坚持,这距离未被继续拉大。于是我"得陇望蜀",开始谋划缩短这漫长的距离。此时,我没有基础,没有援助,茕茕孑立。前路漫长,且崎岖而泥泞。我身边的很多人向前方奋勇地冲去,可是被崎岖,被泥泞拦了下来。他们指着身上的伤痕告诉我,要到达北大难乎其难,梦想成真是虚无缥缈的。但我对他们说,那是我的梦,这就是我可以到达那里的唯一却不容置疑的理由。他们对我投以轻蔑的目光,说我已经变得癫狂。

于是我向着北大出发了,只有自己上路。踩着学长的脚印,迎着漫天大雪,忍耐着严寒前行。果然,我被绊倒了;果然,我陷入了泥泞,很难再向前一步。我咬着牙,挪动着蹒跚的脚步,拖着到处是伤的身体向前走。我觉得自己走得太慢,也不断地看到身边有人放弃。可我依然在向前,因为我离北大越来越近。有时,我抬起僵直的头颈,看到北大好像比昨天近了一些,于是身上的伤不再痛,脚步也变得轻了些。那些中途折返的人,见到我的样子,先是惊讶,后是惭愧。渐渐地,我取得了领先;渐渐地,我看到北大在向我招手。我拖着疲惫的双腿向她跑去,越过我夏天曾到达的地方。正在我伸出手臂,准备叩开大门时,高考到了。

面对着曾经的不可能,面对着北大这耀眼的光芒,我把北京大学庄严地填在了我的志愿里。身后,是我走过的漫长的路。无畏的希望，升腾为无尽的力量。我退后，助跑。此时到处是伤的身体变得那样壮实，变得富有力量。是的，这是我在温暖的春与茂密的夏制定的方向，是我在肃杀的秋和严寒的冬积蓄的力量。我也已千锤百炼，却依然矢志不改。"千山万水走过，只为这一片。"这一片什么？这一片自由的天地，这一片梦想的国度——北京大学。加速，我撞向了她的大门，撞在了她的怀里。她笑了，笑着为我敞开了大门，北大的大门！

梦，醒了！梦，圆了！

春

又是一个春，又是一个新的轮回。

回想前一个四季。如果只看春夏，或许我会认为今天是理所应当的。但秋冬的努力，却是我走到今天的真正原因。

不可否认的是，我还有很多方面的不足。但在北大这最适合、最优秀的环境里，我没有理由继续保留这些不足。从每天起居开始，从每堂课开始，从每次社团活动、社会实践开始，我会认真培养自己的能力，学业与实践全面发展。我知道，我是光荣与骄傲的北京大学的学子，我是伟大与自豪的中华民族的子孙。"为天地立心，为生民立命，为往圣继绝学，为万世开太平。"这是千百年来中华儿女的誓言，也必然是我人生的准则！

任何人都希望自己的生活里永远是春夏，我亦如此。但曾经历的秋冬会让我铭记，铭记一种坚持，铭记一种追逐梦想的精神。有了这些，伴着早已回归的自信，我坚信即使再经历秋冬，我也决不退缩。只因为：

无畏的希望！

个人格言：仁义礼智信，温良恭俭让。

学习感悟：每个人的潜力都是无穷的，如果你想挖掘，你就会拥有无穷的力量。

个人寄语：通往梦想的路或许有很多，但真正能到达的只有一条，而且没有捷径，那就是奋斗。

姓　　　名：郑友洋
预录取院系：外国语学院　菲律宾语
毕业中学：福建省福州市第一中学

十年一梦

父亲的白发从星星点点匆忙地升级成"梨花满树";母亲洗衣做饭的双手渐渐被时光侵蚀成树皮般"坚韧"的质地;爷爷奶奶虔诚地祈祷,血压随着与每一场考试的临近而惯性地酝酿着"过山车";这好似一部恢弘而朴素的《家庭总动员》,电影结局便是我跌跌撞撞地走到了北大门口。

如斯性质的文章,"我"本该是主角,絮絮叨叨将上述点滴作为开头似乎有些浪费,还有违老师们"文章始于凤头"的教诲。然,现在告别高考,到了真正我手写我心的时候。我想说,如若没有他们的付出,以下谈及的所谓梦想和追求将仅仅是些遥远奢侈的幻影。我还想说,在过去的高三一年里我才注意到的那些温暖又沉重的细节,其实,他们已经默默"演出"了十多年。

原来,我是这样背着厚重的"行李",出发,行走,追梦。

高中老师说,北大的历史就是一部浓缩的中国近代史。听到此,我如梦初醒,自己小时嚷嚷着要上的北大居然会被历史推上这个民族记忆的高点。从此,玩笑话有了重量,"北大"是一株我不经意间采撷的香草,终于被吹落进心田,要慢慢长成心上一棵根深叶茂的大树。

所谓伊人,在水一方。只愿踏上那方典藏深蕴的沃土,走着,读着,寻找一条别样的人生道路。

溯洄从之,道阻且长。12年漫漫长路其实只需分成两段:前11

年和高三。我终于明白，生命中漫长的等待和蓄势并不能直接通往心中的神殿，因为上苍还要给我们时间去咀嚼，去沉淀，去思考从前的一切。最终，一个崭新的我们才被获准拥抱未来。也只有此时的我们，才懂珍惜眼前的所得。毫无疑问，高三，就是那段上苍特赐的时间。

为了让不安分的自己"安分"地度过那段特殊时期，我准备了一句座右铭警示自己：现实一点，就离梦想更近一点。之前我从来不信什么座右铭，认为反正不能绝对遵守又何必骗自己。如今我则淡然得多：这样一句话本就不是拿来给人遵守的，而是让人从中汲取信心的。所以，每当我想如从前那样用半个晚上来欣赏夜空，我就暗念这句话，用那时枯燥而此时又似有几分可爱的数学题填满闲情；又或许，当我在看满分作文而满身鸡皮疙瘩时，这句话却使我微笑地去推敲满分秘籍。当我在考前几天的"尖峰时刻"顿悟出一套自己拥有"版权"的作文范式时，我竟感觉原来那些我并不情愿去做的事情也开花结果了。"人生天地间，如白驹过隙，忽然而已"，纵使有千万件"不情愿"，也没有一件是"不可能"。过去脑海中常有些或奇异或细腻的想法，我引以为豪，快乐地记述，天马行空，感受文字之大妙。后来高三大规模地标准化生产作文的过程深深触动了我，是的，并不是只有自由和想象便可填充一个完整的人生，规范和工整必不可少。我不再认为那是束缚，因为在这些格式条框的约束下，自由显得更有意义。

仰望星空始觉人之渺小，俯瞰大地方知物之轻飘。独对星月之时，想到偌大偌小的星球都在我们的视野里，都分享到相去不多的空间，而自己不管是在时间长河中抑或是茫茫宇宙中可能连影子都不能留下，更有天际的奥秘世世代代都不曾被揭开，我暗暗为人短暂的一生惋惜。从飞机舷窗望去，如莲白云间不可见一丝人间踪迹，摩天大楼和滑滑梯，大瀑布和溪中碎石，宝马香车和玩具模型，它们在一种上升的过程中平等地一起消失，这同样震撼我心——原来人们汲汲然渲染和渴求的一切都如此脆弱,平面上的膨胀在一定高度上便会失却丰满。记得从前的我常抱着诸如此类没有边际的命题思来想去,然而高考出现在生活中后时间就不再允许那些忽而惆怅忽而兴奋的情绪了,我们好像只能快马加鞭,只能心无旁骛,读圣贤书做经典题。最初我很排斥那种气氛那种压力,甚至有种"被狭隘"的痛感。而时间真是塑造人的神奇机器,后来,我在习惯中明白,我是多么热爱这眼下的生活,忙碌也好,争先也罢,日子里逐渐弥漫出一种充实丰盈的芬芳。我曾觉得人渺小,不错,但渺小的我们一起为了渺小的目标在一点点前进,我们就有理由相信自己的伟大。我还曾觉得人们"孜孜以求"要满足的种种欲望不过是过眼烟云,一点高度便足以让它们"消失",可"消失"对云彩来说只是一瞬,对于人们那却是一生;况且,我们的尽心尽力真切地在为自己增加每一天每一点的收获。消失的尽管还会消失去,但我相信,那是因为云霄还读不懂大地的幸福。

高三的现实,是为了接近梦想。没有梦想不算是悲剧,梦想被庸碌的生活蚕食尽才是悲哀。我尴尬地站在二者之间,既不是没有追求又总也说不清自己的梦想是什么——我还不能让自己的梦想仅仅被一个明确的名词占据,我只知道我不愿流于平庸,我要有"为天下人谋永福"的胸怀。身边不乏这样的同学,他们的家人为其规划,譬如,以后去某某大学念某某专业,然后顺利分配到某某岗位,待遇优厚。于是有些同学只需要埋头念书,将以上的"某某"们作为理想,简单而又坚定。我也一时羡慕过他们,不必为人生道路的选择而苦恼。然而,我终究是不"安分"的,下一盘在开始便知道输赢的棋是属于老者的乐趣,而非少年。天地浩荡哉,吾将欣欣然游之。或许,"说不清"正是一种福气。

溯游从之,宛在水中央。考上北大也不意味着实现梦想——尽管我把它作为目标,对我而言那更多地意味着我将重新开始寻梦之旅。丢弃从前应付考试的功利心,保留一份真诚,一份坚韧,我带着我的"梦想"二字来燕园寻根。

　　斗转星移,求学十载。我站在这里,站在今天,遥望过去,像在重温一场绵长的梦。梦里,有诗的浪漫,有月的孤独,当然还有,阳光的热情。梦里我也曾昏昏沉沉,但现在揉揉眼睛,我清楚地看到,我的下一站,是燕园——那个梦又将开始的地方。

　　　　个人格言:黑夜是在酝酿阳光的。
　　　　学习感悟:书中自有终南径,踏破铁鞋方得觅。
　　　　个人寄语:愿那年走出燕园门的你重读此文时不带一丝悔意。

家长篇

家长姓名：褚邦恒　公安部一局

千里之行　始于足下

褚楚，褚邦恒之女，北京大学外国语学院阿拉伯语专业，毕业于北京市第四中学。

望女（子）成凤（龙）是所有父母的夙愿。同其他父母一样，我们重视对褚楚的家庭教育，自她小时候起就培养她良好的学习习惯及学习的自觉性，这是她实现理想的奠基石。褚楚从世事懵懂的幼儿成长为北京大学的学子，应该说学校和家庭的教育以及她自己孜孜以求的努力共同成就了她的今天。

读书的习惯源自很小的时候

记得褚楚8个月大的时候，当父母茶余饭后坐在沙发上读书看报时，她也学父母的样子拿张报纸看得津津有味，只不过当时报纸是倒着拿的。两岁开始上幼儿园后，每逢节假日就跟着爱泡书店的父亲上街看书买书，逛书店就成了她最大的爱好。她从逛书店中找到了节日休闲的乐趣，养成了读书的好习惯，这或许是她中学阶段偏爱文科的起源吧。

褚楚阅读内容广泛，她从阅读中掌握了书本以外的东西，也从中懂得了真善美，知道了假恶丑。

自小学起就应培养学习的自觉性

褚楚的小学是在北京丰台区方庄一所普通的社区学校度过的，

因为希望能够离家近的缘故,父母没有费尽心力财力去为她择名校。在她上学初期,妈妈常对褚楚说:"做好警察和律师是爸妈的工作,做好学生是你的工作,我们都应该做好自己的工作",渐渐地,褚楚学习就成为一种自然的行动,从不需要父母的督促,按老师指导完成学习任务。

空余时间,父母没有要求褚楚参加"奥数"、"华数"这样的学习与竞赛,陪她参加芭蕾舞、花样滑冰、唱歌等活动,这既锻炼了她的身体,又培养和享受了业余爱好。

在这样的家庭和学校教育条件下,褚楚每次考试都名列前茅,她为能担任班级第一任班长、中队长和大队长而骄傲自豪,连续在小学四、五、六年级被评为区三好学生,进而被评为北京市三好学生,这些荣誉给她带来的成就感更促进她自觉而努力的学习。

成绩稳定源于选择正确的学习方法

初中、高中阶段,学习环境的变化,社会的观望,父母亲友们的热望更是化为一种无声的压力,而褚楚一如既往自觉学习,只不过是信心更满了,目标愈加明确和坚定。

毋庸讳言,升学率是中小学校领导和老师们回避不了的话题,不少学生成绩的忽高忽低是老师和家长极为头痛的事,而褚楚学习成绩一直稳定,我想这应该源于她选择了正确的学习方法。

初高中阶段的好的学习方法之一,褚楚常津津乐道的是:上课时认真听讲并做好课堂笔记,主动向妈妈展示课堂笔记是她的必备功课,因为她的课堂笔记干净整齐、字迹清秀美丽,老师和妈妈的夸奖更令她乐此不疲,一直坚持数年。

好的学习方法之二,褚楚一直认真记录并保留"错题本"。每次考试后,老师要求对每次考试出现的错误要进行查漏补缺的总结,并将错题和正确答案单独记录在"错题本"上,平时常常看看"错题本"，以保证出现过的错误不再重犯。

褚楚每次考试无论大考、小考，成绩总是名列前茅。我想，勤奋与细心是前提、是基础，好的学习方法则是保证。

请家教应因人而异

眼下，家教机构在一些媒体上大做广告，宣传家教的巨大作用。受此影响，不少家长盲目地为孩子请各式各样的家教，有的家长甚至在节假日让家教占满孩子的时间，使孩子失去自学和消化的机会。那么，请家教是否是提高学生学习成绩的灵丹妙药呢？

在我看来，提高成绩主要靠学生自己在课堂上的学习和课后的复习，课堂上认真听老师讲，课后要按老师的指导完成学习任务，对自己困惑的各学科问题或难题要及时解决，反复推敲。

褚楚仅在初一的暑期请过清华大学的学生做短期数学家教，高中时完全在四中老师的指导下完成学习，当妈妈问是否需要请家教辅导学习时，褚楚的观点是："最好的家教老师就在四中，我天天免费听课，哪里还要去花钱请家教？"——我们认同女儿的想法。

家长是孩子高考志愿的总设计师

高考的学生要填报高考志愿的时候，相信所有的家长都希望孩子能够如愿以偿地被理想的学校录取。但是，要综合考虑孩子的学习成绩实力、兴趣特长与发展潜力、就业志向、届时国内外形势预测等因素，如何更科学合理地填报志愿就不一定是所有的家长做得到的。

2010年初，我就开始关注任何有关高考填报志愿的资讯及讲座，帮助孩子了解填报高考志愿的知识和技巧；在褚楚高考一摸、二摸成绩出来后，根据她成绩稳定的特点和她的梦想，即使在参加北京大学自主招生考试失利的前提下，仍确定将北京大学作为第一志愿。

在填报高考专业的选择上确实费思量，几经权衡，考虑到褚楚自身的语言天赋，翻译或外交官的职业理想，阿拉伯语国家和地区与中国良好的外交关系，阿拉伯语的应用在小语种中的相对广泛，北京大学拥有学习第二学位得天独厚的优越条件与环境等多方面的因素，最终将北京大学的小语种——阿拉伯语专业作为提前批次的第一志愿，结果是心想事成。

言传身教重于闲言碎语

如果说学校是孩子成功的摇篮，那么家长无疑是孩子的启蒙老师和孵化器。

我们都毕业于武汉大学法律系，褚楚母亲长时间从事律师工作，褚楚非常了解成功的律师执业经验和严谨的从业作风，做事要规范、有为才有位、"女子有才便是德"等思想也对她志向的树立、性格的培养产生了不同程度的影响。

因此，在褚楚学习的问题上，父母之所以极少闲言碎语，是因为我们深信：言传身教是中国传统文化教育的真谛。

鼓励能永葆孩子的阳光心态

孩子毕竟是孩子，尤其是中国现阶段以学习为天职的学生们，同台竞争芸芸众生，取得一点进步何其难也。家长的鼓励犹如春风化雨，是孩子快乐的源泉，是其进步的不竭动力。即便是孩子在激烈的竞争中不敌对手，只要她努力了，也要笑脸相迎，激励有加。

是否顺利通过自主招生考试，直接关系到考生从几分到几十分的高考加分，相信对不少家长和考生是非常有吸引力的。褚楚有幸被北京四中推荐参加北京大学的自主招生考试，但是由于欠缺对自主招生试题题型的适应及理解，自主招生考试失利。

当北京四中张榜公告自主招生通过名单或其他加分名单时，褚楚的失落和压力溢于言表，我们则鼓励她继续高扬考取北京大学的理想，扎扎实实地以旺盛的斗志迎接高考，相信自己中考能以优异的"裸考"成绩成为"四中人"，高考以优异的"裸考"成绩成为"北大人"当然不是梦想。

鼓励是动力之舟、希望之翼；学生泛舟乘翼，顺利到达理想的彼岸始终离不开家长和老师的激励。

平等交流，做孩子的良师益友

独生子女都是父母的掌上明珠，如何呵护，大概都能说个一二，但如何与孩子平等交流，尤其让孩子主动向家长聊知心话，恐怕不是人人皆明白的事情。独生子女多有情感孤独的一面，有向信任的人倾诉的渴望，尤其青春期的孩子，学习的压力，思想情绪易变，叛逆心强，如果家长认为仅是照顾好孩子的吃穿、管着学习就万事大吉，或者家长以长辈自居，动辄训斥孩子，忽视孩子的心理活动及情感变化，势必会导致孩子不愿与家长交流。

以我们与褚楚沟通交流的经验看，自孩子上小学开始，父母养成做孩子忠实听众的习惯尤为重要。孩子主动讲述学校的各种事情时，家长首先能耐心倾听，在发现她的观点或看法不妥时，再及时予以纠正或指导；其次，孩子的学习问题、娱乐项目及时间安排等重大事项，例如是否参加课外辅导班、业余时间参加琴棋书画哪些项目、是否参加夏令营、中考高考志愿的填报等，都多多尊重孩子的意见；再次，家长与孩子的沟通交流，应常态化，我家周末吃饭时或接送孩子上学的路上都是沟通交流的时机。在我看来，父母与孩子之间沟通交流顺畅，也有利于孩子处世能力的培养和学习成绩的提高。

父母是孩子的精神向导,未来仍需自己独创一片蓝天

能够成为"北大人",只能说明过去,点滴昭示未来。忙碌的大学生活,竞争的就业平台,意味着"革命尚未成功,同志仍需努力"。作为著名的高等学府,北京大学为学子们提供了良好的充实自己、展示自己的舞台。

我希望褚楚在北京大学能发挥自己潜力与优势,学习学习再学习,直到成为一名出色的外交工作者、翻译者、经济管理部门领导者……

孩子是祖国的未来,他(她)首先是要勇于担当,性格健全,自食其力;能上什么大学并不十分重要,关键看他(她)是否快乐,能否健康成长。这是我对其他正准备明年高考的家长们的寄语,也是我的感悟。

家长姓名：郭晓东　加信教育集团副总经理
　　　　　黄　芸　厦门市湖里区政府人口计生局站长
学生姓名：郭蕙
录取院系：新闻传播学院
保送类型：福建省优秀学生
毕业中学：厦门市第六中学
获奖情况：福建省"优秀学生"
　　　　　福建省"优秀学生干部"
　　　　　2008全国中学生英语能力竞赛省一等奖

快乐着孩子的快乐

孩子录取到中国最好的大学——北京大学，不仅实现了她自己的愿望，也实现了我们家族几代人的愿望。从网上录取到接到通知书一直到现在，我们兴奋、欣慰，我们一直快乐着孩子的快乐。我们不是权势显赫、深具影响力的人，不敢奢望孩子才智超群。然而事实证明，孩子是足够优秀的。今天，回顾孩子的成长历程，与天底下父母共享育儿的喜悦。

一、让孩子快乐和健康

作为母亲，我始终认为孩子的健康快乐永远是第一位的，因为我坚信拥有快乐的童年，其性格、人格一定是健康的，应变能力、学习能力一定是更强的。在生活方面，我精心照料着孩子，四岁时孩子被评为厦门市十佳健美儿童。在高中阶段，我没有让孩子住校，三年的中餐都是我坚持每天煲汤让孩子带到学校，这样，既保证了每天所需的营养，又增强了体质。在才艺方面，也是根据孩子的兴趣爱好来培养。因为从来不强逼孩子学这学那，所以无论课内还是课外，孩子从不厌学，而是在学习中产生一种源自内心的快乐。在小学毕业时，孩子已经考过钢琴十级。在注重技能培养的同时，也注重孩子性格的塑造。"郭蕙也不像一些不讨人喜欢的班干部，相反，她和同学关系相处得很融洽，是班级不少同学的心理辅导小老师，当同学们遇到烦心事时，都喜欢找她倾诉。"这是孩子的高中同学对孩子的认同。

二、有所管，有所不管

毕竟，我们的能力、精力是有限的，想把一切都教给孩子、管住孩子的一切是不可能的。但是，不管你贫穷也好、富裕也好；是知识分子也好、文盲也好，有三样东西是必须教、必须管的，这就是：管教孩子做人、管教孩子自立、管教孩子养成良好的习惯。除此之外，"不管"就是最好的"管"。

教孩子做人。贝多芬说过："把德性教给你们的孩子，使人幸福的是德性而非金钱。"所以，最重要的是教孩子做一个诚实守信的人。教育家陶行知先生说过："千教万教教人求真，千学万学学做真人"。不管社会如何变迁，陶老先生的话永远都是一剂良药。诚实守信是立身处世的第一准则。

教孩子自立。孩子终究要离开父母独立生存，如果包办孩子的一切，孩子就永远长不大。因此，从上小学起，我就让她与同学跟团外出旅游，几年间，她去过境内北京、新疆等十几个地方，到过境外美国、越南等几个国家。在旅途中孩子要面对陌生的环境、挑战从未遇到过的困难。一次又一次，既锻炼了孩子的独立思考能力，又提高了解决问题的能力，从而使孩子的潜能得到了充分发挥。这为孩子在高中时代当好校学生会主席打下了扎实的基础，我坚信也必将为孩子的一生打下良好的基础。

教孩子养成良好的习惯。良好的习惯能成就一个人,不好的习惯能摧毁一个人。特别是在当今社会分工越来越精细、竞争越来越激烈的时代,更要教育孩子脚踏实地,从最平凡的小事做起。因为它们每天、甚至每时每刻都在发生,都在影响着孩子。古人说得好,"一屋不扫,何以扫天下?"良好习惯决定着孩子的将来。

孩子的班主任在最近一次家访中这样评价孩子:郭蕙最终实现考入北大的梦想,一个重要的原因是,她是个成熟的孩子。郭蕙比较知道自己想要什么,有计划也有毅力去一步步地实现它。比如,社会活动占用了她的时间,但是,她制订了更紧凑的学习计划,没耽误学习。

和千千万万的孩子一样,我的孩子也喜欢上网、看电视。我认为,对孩子的这些爱好,不能管,也不必管。不能管,是因为这些都是正常人的精神文化需求,也是孩子获取信息、知识的一条有效途径,又是孩子释放学习压力的有效办法。不必管,是因为管得住今天,管不住明天;管得住现在,管不住将来;在家里管得住,在家以外管不住;关键是靠孩子的自律。在厦门日报的记者采访我的孩子时,孩子是这么回答的:"事实上,自己并非外人看的那么成熟。我喜欢看电视剧,特别是周末,时常要在看电视剧和做作业的选择中挣扎。我的方法是,写张任务表,排出要做的几件事,做完这几件事后,奖励自己看电视。这个方法很管用,它既提高了我的学习效率,又让我看到了想看的电视剧"。

三、做孩子成长路上的良师益友

首先要做好言传身教。父母是孩子的第一任老师,更是孩子的终身榜样。上初中时,有一次孩子跟我抱怨:"妈妈,咱们家的房子不如我同学家的阳台大"。确实我们一直居住在两室一厅,而没有换大房子的原因：一是孩子正处在青春发育期，不能因为房子的事分散精力从而凑和孩子的一日三餐；二是苦难是一所好学校，没有优越的环境，孩子更会发奋学习，努力去改变现状。我及时把我的想法和她沟通，并重温她刚学过的刘禹锡的《陋室铭》名句："山不在高，有仙则名。水不在深，有龙则灵。斯是陋室，惟吾德馨"。"因此，房不在大，整洁就行。房子的空间虽小，但咱们一家三口的距离却拉近了。再说，房子小了，妈妈打扫起来也不那么累，也才有更多的时间给你做好吃的"。孩子懂事地点点头，从此，再也没有提过此类与人家攀比的问题。

其次要把自己也变成孩子。现在很多父母忙于工作，把孩子都交给老人、保姆，交给托儿所，交给电视、电脑，慢慢地孩子与父母的关系就疏远了。我和丈夫工作都很忙，双方的母亲都健在，可我再忙再累也不把孩子交给老人。在与孩子的朝夕相处中，彼此建立了亲密无间的亲情。有一天，孩子跟我说："妈妈，以后我不再叫你妈妈了。"我问："为什么？"孩子说："看，我都长得比你高了，我叫你姐姐好了，叫姐姐更显得妈妈年轻。"母女俩相视笑了。从此以后我和她一起上街，她就姐姐长姐姐短的叫起我来。这就是我和我的孩子，平时姐妹相称，看似没大没小，有悖常理，可我和孩子之间的平等、默契和快乐，又岂是那些貌合神离、死守常理的人所能得到的！

有朋友、同事说我为孩子牺牲了自己的全部业余时间。可我懂得，孩子的成长不可逆转，与其只顾自己玩乐，不如每天多花一点时间与孩子沟通，引导孩子做一个有理想的人，教孩子学会追求自己的目标。再说，孩子与母亲本来就是一体的，还有什么比为孩子创造幸福更幸福，有什么快乐比看到孩子的进步更快乐的呢？

四、适合自己的才是最好的

我始终认为,适合孩子的学校才是最好的学校。要知道,人生在世,没有两个人是一样的,各人有各人的天赋,各人有各人的性格,各人有各人的能力,不能千篇一律,只有适合自己的才是最好的。因此,在引导孩子的成长过程中,我决不盲目跟风。

2004年秋季,孩子小学升初中没有参加电脑派位,因为钢琴特长考入厦门六中特长班。三年之后,孩子初中升高中继续保送六中。她从不后悔自己的选择。她认为,在其他更有名的学校里,她或许得不到在六中得到的关注,因为六中给她足够大的平台,让她的才华得到了充分的展示,能力得到了充分的提升。在六中,孩子是学生会主席,每年学校一些重要的活动,如文艺会演、演讲比赛等,都由她带领一帮人操办。而这些活动丝毫没有影响她的学习。高中三年,她的学习成绩都是名列年段前茅。最终孩子参加并通过北大自主招生考试,以"省优秀学生"的身份被保送到北大新闻传播学院。今年8月,孩子光荣地加入了中国共产党。

孩子即将开始崭新的大学生活,她面对将是更加复杂、精彩的人生,我坚信,孩子在这所教育资源最为丰富的燕园里,定能创造更美好的人生。

家长寄语:良好的习惯能成就一个人,不好的习惯能摧毁一个人。

家长姓名：何玉霞　湖南省石门县楚江一完小教师
学生姓名：黎静怡
录取院系：哲学
毕业中学：湖南省石门县第一中学
获奖情况：湖南省"炎德杯"基础学科知识竞赛第一名
　　　　　常德市三好学生

做个快乐的甩手家长

如火的七月，让我的心情沸腾到了极点，双手捧着沉甸甸的北大录取通知书，任喜悦的泪水悄然滑落。

喜极而泣，是呀，叫我怎能不泣呢？当别人带着孩子四处请家教疲惫不堪时；当别人因孩子迷恋网吧焦头烂额时；当别人为孩子早恋而大动干戈时，我正为孩子的健康成长、全面发展而高兴。在与孩子一同奔向北大这座圣殿的征途中，我们母女是快乐的。

常言道："十年树木，百年树人。"怎样把一棵幼苗培育好，让他长成参天大树，这可是大有学问的。"唐宋八大家"之一的柳宗元就曾经写过一篇很有见地的文章，叫《种树郭橐驼传》，介绍了一位善于种树的高手郭橐驼的种树经验。郭橐驼种的树不仅无不成活，而且长得高大茂盛，成熟早结果多。别人虽"窥视而效慕"，却"莫能如也"。这是为什么呢？郭橐驼说，他种的树之所以生长得快，活的时间久，是因为他能尊重树木生长的客观规律，顺应树木的自然本性进行培植管理。别人种树就不是这样，而是"爱之太殷，忧之太勤，且视而暮抚，已去而复顾。甚者爪其肤以验其生枯，摇其本以观其疏密，而木之性日以离矣。"用现在的话说，就是爱得太深，操心太过，从早到晚不停地摆弄折腾，甚至用手撕破树皮检验是否成活，摇动树根察看栽种情况，使树木逐渐丧失生机。结果，"虽曰爱之，其实害之；虽曰忧之，其实仇之。"

郭橐驼这一番有关种树的见解，给我极大的启迪。孩子是上天赐予我最珍贵的礼物，我不能把培养孩子当成累赘，我要做个快乐的甩手家长。

相信自己的孩子是优秀的

十月怀胎，孩子呱呱坠地了。我给孩子起了个乳名——苗苗，意为这是一棵好苗子，我有决心将她培养成参天大树。孩子小时候就表现出过人的天赋，刚出生五天，眼睛就能灵活地跟着大人转动，观察周围的一切。一岁多就能认识上千个汉字，表达能力相当强，讲起故事来，许多大孩子都自愧不如。在上一年级，学退位减法时，她竟然自己发现了一种简便算法，超出常理但每次计算结果都完全正确，让数学老师百思不得其解，连称"天才！""天才！"小学五年级时，教她的老师对我说："你的孩子小学的知识已经吃不饱了，整天只看到她玩，成绩还那么好。应该让她跳级，上初中！"我征求女儿的意见："苗子，你想不想跳级？""想！"女儿毫不犹豫地回答。短短两个月的时间，她自学完了六年级的全部课程，直接进了初中。在初中、高中阶段，她以绝对的优势稳居全年级前列，以铁的事实证明，她是优秀的。

良好的习惯和方法是成功的法宝

习惯决定成败，方法决定效率，而这一切又决定着孩子和父母的快乐指数。

从小孩子就养成了以下好习惯：一是有目标和计划。她的学习和生活都有比较详细的计划，既有近期的小计划，也有中长期和人生的大目标，如"上北大"就是她上学以来的计划，"学有所成，报效祖国，报效桑梓"就是她人生的大目标。二是做事认真，效率高。她的作业、笔记整洁美观，书本上的批注也十分讲究，学习资料、书籍分类有序，查找便捷。别人做作业需要40分钟，她20分钟足够，多余的时间就是玩、看课外书。快乐的小学生活给她的一生打下了坚实的基础。三是敢于奇思妙想，敢于质疑。小时候，她总爱提出一些稀奇古怪的问题。这种敢于质疑的精神在高中阶段表现得尤为突出，常常让老师"头疼"。

学习方法也很重要，学习方法有很多种，不能生搬硬套别人的学习方法，适合自己的学习方法就是最好的。小学阶段，女儿注重课前预习，对知识的重点、难点了然于心，第二天听课时，就集中精力攻破重点、难点。举一反三，知识就掌握得很牢固了。另外，女儿读书喜欢做批注。翻开她读过的书，上面布满了各种符号以及她的感悟。她真正做到了将书读活变成自己的东西。

重视家庭氛围，践行言传身教

父母是孩子的第一任老师，父母的言行给孩子的影响是深远的。在家里，我们尊老爱幼，家人之间互相尊重、体贴，无形中给了孩子良好的道德教育；茶余饭后，我们看书读报，热爱学习；工作上我们兢兢业业，成绩斐然，这一切都给孩子营造了良好的家庭氛围，激发了她对学习的兴趣，让她有一种强烈的上进心。

在工作中，我经常看到有的家长从清晨叫醒，上学接送，检查作业，辅导复习，到收拾书包，料理生活，事无巨细，全部包办；还不放过一切机会喋喋不休地对孩子进行着灌输诱导，向孩子泼洒着浓浓的、密不透风的爱。结果孩子不但不领悟，还有颇多抱怨，真可谓费力不讨好。我们只从以上三个方面着力，结果是女儿快乐，家长高兴，而且这种快乐必将永远陪伴着我们。

做孩子的知心朋友，和孩子一起圆梦

孩子一天天长大，眨眼已是亭亭玉立的高中生了。这时，我们能做的就是做她的知心朋友，帮助孩子调整心态和释放压力，向她坦诚地表明父母的心迹。只要她尽到最大的努力，不管结果如何，父母都无怨无悔，家人永远爱她，永远和她在一起，永远做她坚强的后盾。

记得那是高三第二期的一次月考。中午，我做好了香喷喷的午饭，高高兴兴地等着孩子回家吃饭。谁料孩子一进门，就带着哭腔说："妈，我的数学考了历史新低。""什么？你们昨天考试了？历史考得不好？"我笑着问。"数学考砸了！同学都比我考得好。""不要紧，一次小考算不了什么。再说，这科差一点，其他科不一定差。妈妈相信你是最棒的！"下晚自习时，我去接女儿，女儿一脸阳光："妈妈，我又考了个年级第一名。""怎么样？不到最后，怎知结果。"这一次考试让孩子更加自信，自信的积累，导致她高考时心态平和，稳定发挥，终于圆了她的北大梦。

朋友们常说，我捡了个"便宜"，没看见我花气力管孩子，也没看见孩子昏天黑地地读书，孩子却这样优秀。看来，我这个快乐的甩手家长做得还不错噢！

家长寄语：良好的习惯和方法是成功的法宝。

就这样考上北大（4）

家长姓名：侯廷珍　焦作市第十九中学教师
孩子姓名：侯星辰
预录取院系：考古文博学院考古系
毕业中学：焦作市第一中学

做孩子自立人生的引导者

孩子一路走来，走到了"北大"，这是我梦想的，又是我曾经不敢企及的，仔细想来，也是自然的。在孩子成长为"北大人"的路上，我为孩子做了哪些帮扶工作呢？让我感触最深的是在我和孩子之间关系的定位上，我始终是孩子的朋友，是孩子自立、自强的引导者。其中的点滴所为，印证着我对孩子的培育过程。

记得在1994年春夏之交，我家从一间低矮的破房子搬到新建的楼房里，我的家在六楼，当时孩子一岁半。从此，孩子开始了他的爬高楼的生活史。在爬高楼的过程中，刚开始的一段时间，孩子屡次展露其惰性，想让父母抱着上楼，每当此时，我总会告诉他，"你人小，占地小，就住在楼梯上吧。"一边说，我只管快速上楼，把他甩在后边，无奈的他只好自己爬上来。经历了几次这样的反复之后，他就再也没有让人抱着上楼的想法了。也许有人不会相信，我家孩子从一岁半开始爬高楼，除了偶尔的身体不适之外，从未有让人抱着上楼的。通过这样做，我就是要让他初步懂得，每个人都有自己要做的事情，自己的事要自己做，不给别人添麻烦。

转眼间到了孩子上学的时候。当时的他不足六岁。第一次上学是我把他送去又接回来的。之后他告诉我，老师要求学生自己上学、回家，让父母接送不好。由于我家离他的小学很近，下了楼，过个十字路口就到了，我站在高高的阳台上，就能目送他从下了楼一直走到学校门口的全过程,所以,我就多次提醒他交通注意事项,发现一点问题及时提醒一次,而上学的路则交由他自己去走。由于孩子自己懂得了必要的交通安全注意事项,所以走起路来并不一定比被人拉着不安全。

当我发现孩子有较多花钱欲望的时候,我鼓励他去尝试挣点钱。记得他在小学二年级的时候,领着两个小伙伴去捡易拉罐、废水瓶等物品,到废品收购站换到自己心爱的钞票。作为一个只有几岁的孩子,虽然这项活动延续了只有几天的时间,但是他从中领略到只要爱劳动就会有钱花的道理。由于他从事过捡破烂的工作,从而锻炼了他从不鄙视任何劳动的心态。对他形成理解人、关心人、尊重人的思想品德起到了一定的积极作用。

我认为,作为一个渐已成年的人,应该对人世间的艰辛有所了解,这样有利于他获得更为有力的励志力量。于是,在他初中升入高中的间隙,在我和他父亲的共同建议下,他到东北的一处建筑工地当了为期两个星期的农民工(有朋友监护的地方)。在工地上,扛过水泥、做过防漏水处理等工作。当然,他的工作量是无法和正式的农民工比拟的。在工作中,他较为深刻地体会到了民工生活的艰辛和不易,也更进一步懂得了人生需要拼。

通过对我与孩子之间的故事的了解,可能有很多人会认为我狠毒、我残酷。其实,孩子的健康成长靠的是对自我认同的不断获得和他人恰当的引导及鼓励。

我的家是一个民主之家。在孩子很小的时候,我就告诉他父母都会犯错误。好孩子并不一定"乖",当父母犯错误的时候,做孩子应当学会辨别。我们家的每个人之间都拥有表扬与批评他人的权利,也要敢于自我批评。无论我们做任何事,都要讲原则,努力保持做事的正确方向。这样的家庭,让孩子从小就获得了主人的地位和尊严感,而且,随着年龄的增长,这种感觉与日俱增。因此,生活在这样的家庭,他也从不缺少幸福感。

孩子的高三生活记录着我们家的苦与甜。

孩子的高三以前的学习生活在精力上是留有一点儿余地的。他酷爱运动，因此，他与其他爱学习的同学相比，玩耍的时间相对多一些。这一点，我看的很清。他经常考进年级前五名，甚至考过第二，但从未当过第一名（中学阶段）。我知道，孩子拥有的正气与学习能力已经是很多做学生家长的羡慕不已了，但我知道孩子完全还有能力表现得更好。所以我就适时地提醒他，做人应该选择无悔的人生之路，在人生的关键时刻，如果你拼尽了力气，用足了劲儿，结果不理想，我们无憾；如果你未尽全力，到时候遗憾，那是没有任何用处的。大量的事实都在告诉我们这一道理。进入高三以后，孩子的学习劲头渐长，他的吃苦精神常常使我看了心疼。由于铆足了劲，加上学习基础也没太差过，高三上学期的期中考试，终于荣登年级第一名的位置。这一次，使他更加自信，学习的劲头更足了，接下来的年级考试又夺第一，从而越来越自信、越来越自然地融进了学习进步者的第一梯队，后又曾在焦作市第一次模拟考试中夺得全市第一名⋯⋯

学习是一种艰苦的劳动，想学到更多，就更要付出更多的劳动。在孩子充满追求的道路上，在孩子在付出艰苦劳动的时刻，孩子有困惑、迷茫，需要得到足够的理解、关心和帮助，这样才能帮助孩子更健康地成长。家长是可以对孩子进行一对一帮扶的最好人选，家长要积极承担对孩子帮扶的责任。精神方面，在孩子得意的时候，让他警惕别忘形；在孩子失意的时候，帮助重树信念；尊重孩子，做孩子最为可靠的贴心人，倾诉对象，使之能抛掉烦恼，保持愉悦的心情，高昂的斗志。学习方面，关注孩子的学习成绩，但不以分数的高低好坏论英雄，使之能正确对待考试与考试成绩，树立正确处理考试成绩与学习态度的关系。身体方面，让孩子树立"身体是革命的本钱"意识，无论多忙，都要抽出一定的时间去锻炼身体。在饮食方面，做父母的担负着十分重要的责任。孩子的学习任务繁重，需要父母给予足够而合理的食物供应和营养搭配，从而保持旺盛的精力。

由于孩子有较强的自立、自主意识，在孩子的高三阶段，我们全家又建立"以考生为中心，心往一处想，劲儿往一处用"的目标机制，协调配合较为得当，孩子考出了较好的成绩，成为了光荣的"北大人"，我为他感到骄傲，但我深知，在做人的道路上，他还需要懂得更多、更多，我依然有责任尽我所能，帮助他走上更为自立、自强的人生路。

愿天下所有的孩子从小走上自立、自强的人生之路！

> 家长姓名：李学标　浙江省公安厅
> 　　　　　袁茗香　浙江省杭州市西湖区教师进修学校
> 学生姓名：李扬天
> 录取院系：历史系
> 毕业中学：浙江省杭州外国语学校
> 获奖情况：杭州市中学数学竞赛一等奖；杭州市中学科学竞赛一等奖；浙江省小学生足球赛冠军

梦圆北大，振翅高飞

"北大很适合我，我很喜欢北大"！这是儿子今年2月2日参加北大自主招生时，在文史楼前发出的感慨！并在面试的自我介绍中引用辛弃疾《贺新郎》中的"我见青山多妩媚，料青山，见我应如是"抒发自己的豪迈之情。

当红红火火的北大录取通知书终于飞进家门时，我们百感交集，欣喜不已。北大是儿子唯一的夙愿，他进入最高学府求学的梦想终于成真了，我们为他光荣，为他自豪。回想儿子学习与成长的历程，真是欲说还休，欲说还休。

一、珍视兴趣，保持兴趣

善于发现儿子的主要兴趣，并保持儿子的兴趣，让儿子在快乐中成长，是我们父母一贯的态度。

五颜六色，有大有小的各种玩具汽车简直是儿子的最爱，幼小的他，问不完的这是什么车，为什么叫铲车，出自哪里等问题，使在车域范围内严重缺少认知的外公和妈妈，着急地买来有关《车友》

等杂志进行充电,他们在边学边回答的过程中,满足了儿子的愿望,也慢慢地变成了车迷,更意外的是没多少天后,儿子居然认识了汽车图片上的很多说明文字,于是缠着问这个叫什么字,那个叫什么字,并且不断地收获着图、文对应的快乐,瞧着这位自娱自乐的小机灵,我们舒心地笑了,笑家里出了一群的"名车粉丝",笑"问不完的问题"得到了解放,因为教汽车知识的老师是李扬天了。

后来儿子又迷上了各类体育节目,对 NBA 篮球队和欧洲各俱乐部足球队的名称和球员的名字了如指掌,而这时的儿子还是个学龄前儿童,学习这些知识和他幼小的年龄是很不相称的,所以,我们称之为"厄尔尼诺"现象。我们没有一味地阻止,而是十分珍视儿子的好奇,并努力引导儿子的兴趣,尽量使玩乐成为增长知识、培养能力、提升素养的最佳途径。

二、磨炼意志,培养毅力

培养儿子积极参与体育锻炼的好习惯,练就良好的身体素质,在磨炼中培养意志,在锻炼中培养毅力,这是我们父母始终的愿望。

儿子在校学习成绩一直不错,但我们更希望儿子有一个健康强健的身体。儿子在幼小的时候总是体弱多病,而远在东南一线戍守海疆的爸爸无法悉心照顾,所以妈妈经常深更半夜抱着儿子去看急诊。自从上了小学后,儿子把提高体育成绩作为主要目标。刚刚开始他的动作协调性不是很好,比如跳绳,开始时他怎么跳也跳不好,就真有些退缩了,这时边上的妈妈总是不断地鼓励他:今天不行,明天再跳。于是从一点不会到能跳一个、几个、几十个、几百个……儿子享受着经过自己努力而获得成功的喜悦,也总结了"不会没关系,多练几下就会了"的信念,这份意志也一直鼓励着他后来的各项运动。比如踢足球,他经常在绿茵场上摸爬滚打,不怕苦、不怕脏、不怕累,练就了勇于拼搏、敢打必胜的自信心,被选入浙江绿城少年足球队,代表学校参加浙江省小学生足球比赛并获得冠军,甚至有资格加入浙江绿城青年队,成为一名职业足球运动员。他还亲自组建了杭州外国语学校足球队,自任队长,在杭州市中学生足球比赛中获得团体第四名,创造了杭州外国语学校体育上的"黄金一代"的神话。

儿子的皮肤晒得黝黑黝黑,但身体变得更加强健,身上没有一处赘肉,各种疾病离他也越来越远了。每次学校运动会上,短跑、中长跑、跳远等各个比赛项目中,都能看到在一片喝彩声中儿子矫健的身影,儿子破了400米和跳远学校记录。儿子对体育运动非常专注,非常执著,并磨砺出了顽强的毅力,在自己身上凝聚了更高、更快、更强和永不言败的拼搏精神,我们希望儿子能将这种可贵的精神保持永远。

三、知恩感恩,乐于助人

鼓励儿子应该帮助别人,享受助人之乐,并且在接受帮助后懂得感恩,懂得回报社会,这是我们父母给予儿子的厚望。

儿子的每一个成长进步,都离不开老师们的关心和教导。我们常常说,儿子就像是一棵小树,长呀长呀,有时候会长歪了,就需要我们家长、老师扶扶正。儿子在学习和生活中会经历很多的困惑和烦恼,甚至曲折和坎坷,在苦闷、徘徊和彷徨中,很多位老师给予了父母般的慈爱,给予宽宏的勉励和智慧的人生启迪。儿子自始至终能走在前列,他的每一次进步和每一次成功,无不倾注了老师们的心志和汗水,正是在老师的呵护和指导下,儿子能依然保持那份纯真和率直。

"羊有跪乳之恩,鸭有反哺之德"。我们常常告诉儿子,老师谆谆教诲之恩深似海洋,可老师从不夸耀和赞颂自己,他们总是默默无闻地付出,无怨无悔地奉献着,这是你永远要学习的高贵品质。

儿子接到北大录取通知书时，先电话告知的就是老师们，向每一位老师表达了由衷的敬意和谢意，并且专门去看望了自己的小学启蒙老师。

在大家的关爱之下，儿子的爱人之心也渐渐成长，平时能乐意帮助学习困难的同学，积极参加社区服务，帮助孤寡老人；在大灾大难降临的时候，积极向汶川、玉树等灾区捐款捐物，暑假里还组织同学远赴数千里之外的贵州、云南支教。儿子充分品味到了"赠人玫瑰，手有余香"的乐趣。

四、大师教诲，练就本领

在最高学府，在大师们的膝下，儿子能学得大师们做人做事的高风亮节，这是我们父母对儿子的新期待。

未名湖畔，博雅塔下，一代又一代中华英才在大师们的教诲和指引下，奔赴四面八方，为祖国的建设事业立下了丰功伟绩。一年又一年，又有一批批有志青年，带着激情和梦想聚集在大师麾下，聆听智慧之音，在燕园编织未来，放飞七彩的希望。北大是儿子的最爱，也是我们心中最神圣的殿堂。儿子能在大师身边学习和生活是何等的幸福啊！我们深信儿子插上了北大这双神奇的翅膀，就一定能飞得更高，看得更远。我们骄傲，儿子是"北大人"！

儿子成为"北大人"了，这只是万里长征走好的第一步，他身上肩负的担子更重，征程更迢远了。孔子曰："天降大任于斯人也，必先苦其心志，劳其筋骨，饿其体肤，空乏其身，增益其所不能。"儿子将来一定会面临很多艰难而严峻的考验，我们有几点体会与儿子共勉。

第一，向大师们学习。学习大师们给人予多，而留给自己甚少的高风亮节；学习大师们精益求精、诲人不倦的治学风范；学习大师们刚正不阿、坚持真理的爱国情操；学习大师们温文尔雅，虚怀若谷的高尚道德；学习大师们务实创新，不断进取的开拓精神。儿子要以大师为典范，孜孜求学，不耻下问，塑造自己良好的人文素养和科学精神，使自己成为具有创新精神和实践能力的高素质人才。

第二，向书本学习。"读书使人明智，促进人的思维灵感"，"看书就是同智者交谈"。我们认为"一塔湖图"的精髓在于"图"中，北大图书馆是中国近代第一所新型的国立图书馆，逾800多万册的藏书成为亚洲高校第一大馆，读书，读好书的条件得天独厚，儿子应该如饥似渴地向书本学习，特别要多读外国文学和外国科学著作，读书时遇到的疑惑，可以立即请教身边的大师，这是多么的幸运啊！清朝大儒张潮在《幽梦影》中说道："看书不难，能读（领会）为难；读书不难，能用为难；能用不难，能记为难。"在书海中遨游，可以积累广博的知识和学问，使人生更加丰富完美！将来就不会发出"书到用时方恨少"的悔叹。

第三，向同伴学习。北大聚集了我国最优秀的青年才俊，同学们都来自五湖四海，都给学校带来了自己丰富的学识和独特的经验，他们每个人身上都有可贵的闪光点，都是学习的好榜样。儿子要以谦逊的姿态，诚恳学习他们之所长。同学之间的相处也可融入"兼容并包，思想自由"的理念，在学习的坎坷征途中，互助互信，互帮互利，和谐共进，携手探索知识宝库，留下一路欢笑，一路歌声，一同抵达成功的彼岸。

希望儿子在成绩面前不自傲，在挫折面前不低头，以勇敢顽强，坚忍不拔的意志，勇于攀登智慧的最高峰，成为一名优秀的"北大人"！为中华民族的繁荣昌盛奉献自己的聪明才智。

家长寄语：勤学不怠，直捣黄龙。

家长姓名：梅文华　空军装备研究院航空装备研究所
　　　　　吴文婷　北京万源科技有限公司
学生姓名：梅　松
录取院系：数学科学学院
保送专业：电子信息科学类
保送类型：物理竞赛保送
毕业中学：北京师范大学附属中学
获奖情况：第26届全国中学生物理竞赛北京赛区一等奖
　　　　　第25届全国中学生物理竞赛北京赛区二等奖
　　　　　第21届北京市高一物理（力学）竞赛北京市决赛一等奖（北京市第二名）
　　　　　第4届全国高中应用物理知识竞赛一等奖（北京市第七名）
　　　　　2008年北京市中学生数学竞赛高一年级一等奖
　　　　　第19届希望杯全国数学邀请赛高中一年级三等奖
　　　　　第20届希望杯全国数学邀请赛高中二年级三等奖
　　　　　2008年北京市高中学生化学竞赛一等奖
　　　　　中国中学生作文大赛（2008—2009）三等奖

授儿渔技

儿子梅松因在全国中学生物理竞赛中获得北京市一等奖而具有保送资格，通过参加自主招生考试，3月份得知被保送北京大学电子信息科学类专业的消息。得到这个消息，全家既感到高兴，也感到有点遗憾。高兴的是，儿子通过长期的努力，实现了到北大这样的最高学府深造的愿望；遗憾的是，没有被保送到他最喜欢的数学专业（填报的志愿是：第一专业数学类，第二专业理科实验班，第三专业电子信息科学类）。高考成绩出来没几天，就收到了北京大学快递寄来的录取通知书（电子信息科学类专业），全家人一致决定向学校提出转专业申请。儿子写好了转专业申请书，送到北大招生办，刚好赶上第一批招生。在实际上并不太长而感觉却很漫长的等待中，全家都以为转专业没有成功，只好自己安慰自己，电子信息科学类专业也不错，子承父业，还可以互相帮助。值得庆幸的是，终于有一天传来了同意转专业的好消息。儿子高高兴兴地到北京大学换回了一张数学类专业的录取通知书。

儿子保送北大，并且成功转到自己最喜爱的专业，同事们都来表示祝贺，要我们介绍培养经验。回想起来，我们还真没有付出什么特别的精力。也许就在父母没有付出什么特别精力的前提条件下，才造就了孩子较高的学习能力。

素质教育　持之以恒

我俩都是从农村考学出来的。老家湖南涟源，是一个颇重教育的地方。我俩的母校涟源一中，就是钱钟书《围城》中的三闾大学，抗战时期转移至后方的大学——国立师范学院的校址所在地。我们高考的时候，还没有素质教育的说法，只知道读书。到了大学，才知道自己有太多的东西不会。生活是丰富多彩的，有成功有失败，有欢乐有哀愁，人应当有能力坦然应对。因此，不但要教育孩子爱读书，还要培养孩子广泛的兴趣。从6岁开始，我们先后送梅松去学习音乐基础、电子琴、小军鼓、唱歌，小学毕业的时候，梅松达到了音乐基础三级、电子琴九级、小军鼓八级、童声演唱五级水平。

有人说，素质教育，业余爱好，孩子喜欢就学，不喜欢了就不学了，也用不着考级，实际上这样有可能对孩子的成长不利。每选定一门课程，我们都要征求孩子的意见，是不是愿意学、喜欢学，如果不愿意、不喜欢就不选，但是，一旦选定了，就要持之以恒地坚持。还真有遇到难题的时候，在考级的过程中，电子琴5级到6级之间，梅松遇到了障碍，枯燥的指法练习，单调的练习曲，使得梅松失去了兴趣，露出了畏难情绪。通过软硬兼施，才使得梅松迈过了这道坎。坚持就是胜利，一遇到挫折就打退堂鼓，是很难达到成功的彼岸的。通过考级这一形式，对自己的水平进行检验，一步一个台阶，可以确立自己的目标，并且为达到目标而努力。

养成教育　以身作则

我俩工作忙碌，都有自己的事业，没有太多的时间花在教育孩子身上。自然，培养孩子自觉、主动、积极的学习习惯，就成为了第一选择。每天晚上，吃完晚饭，看完新闻联播，电视一关，就开始各忙各的。梅松开始做家庭作业；我俩也开始看书学习，撰写论文著作。要是父母整晚在家看电视，或者与人交际，自然很难让孩子安心学习。只有父母以身作则，才能要求孩子刻苦攻读。梅松从小养成了良好的学习习惯，不用父母操心，就能完成好学习任务。

养成教育，贵在耳濡目染，因此学校文化至关重要。梅松的母校北京师范大学附属中学具有悠久的历史和厚重的文化，涌现出赵世炎、钱学森等一大批杰出人物。师大附中将素质教育放在首位，鼓励学生自主学习，培养学生良好的学习习惯。正是看中了这点，我们毫不犹豫地选择了这里。我们希望梅松在这里能汲取到丰富的营养，成为一个全面发展的人，而不只是一个满腹经纶的书生。

授人以鱼，不如授人以渔。孩子形成了良好的学习习惯，父母就可以放心干自己的工作了。伴随着梅松一步步长大成人，我们利用晚上的休息时间学习研究，积少成多，也取得了较好的业绩：梅文华先后在国家级刊物和国际学术会议上发表80余篇论文，在国防工业出版社出版4部著作，我俩还合作翻译一部加拿大作者劳伦斯

· 高夫的侦探小说，在群众出版社出版。

竞争教育　敢为人先

望子成龙，是每个家庭的美好愿望。物竞天择，适者生存，是自然的规律，也是社会的规律。一个人要想为社会为国家作出更多更大的贡献，就要一辈子处于竞争状态。通过合理竞争，获得理想的成绩，处于领先的地位，是每个人成长过程中的必经之路，来不得丝毫懈怠。因此，要让孩子具有竞争意识，敢为人先。从小学开始，梅松就表现出了很强的数学天赋，拥有严谨敏捷的逻辑思维能力和独立思考能力。因此，从小学四年级开始，我们为他报了一个奥数班，每个星期天去六里桥学习奥数，曾获得过奥数竞赛丰台区第一名。坚实的数学功底为他的各科学习打下了良好的基础，梅松的理科成绩基本都是学校的年级第一名。在高中阶段，梅松没有再参加各种课外竞赛班，但凭着自己扎实的基础，在高一年级，分别获得北京市数学、物理、化学竞赛一等奖，三科成绩在北京师范大学附属中学均为第一，且物理竞赛成绩为北京市第二名，一人独揽三项"尚兴久奖学金"，合计九千元，2008年12月23日《北京晨报》曾以"师大附中高才生获近万元奖学金"为题进行报道；在高二年级，获得第26届全国中学生物理竞赛北京赛区一等奖，并因此具备了保送资格。

公益教育　服务社会

人，是社会中的人，无法独立存在。个人的力量是渺小的，祖国的发展、人类的进步是集体努力的结果。如果一个人对社会，对他人漠不关心，只知道死读书，很难成为有用之才。因此，要教育孩子学会处理好各种关系，多为他人着想，多为集体着想，在不断完善、提升自我的同时，全心全意地帮助周围的同学、朋友，共同进步。梅松在初中三年一直担任理科实验班班长，在高中三年一直担任钱学森班团支部书记兼副班长，热心班级工作，在繁重的学习情况下，积极参加各项活动，曾去福利院帮助盲人讲解电影，去农民工子弟学校帮助那里的学生辅导功课，给学校同学们介绍自己的学习方法，带领刚入校的新生参观校园、介绍学校历史，在奥运期间自发地与同学们一块去给外国游人作向导……无私的奉献获得了全校师生的认可，所在班级成为"优秀班集体"，梅松连续被评为学习标兵、优秀干部、三好学生，毕业时，梅松荣获北京师范大学附属中学2010年度"杰出附中学子"称号。

求索之路　披荆斩棘

　　人生一辈子，不只有成功的鲜花和掌声，更多的是奋斗的艰辛和寂寞。我们很高兴在梅松成长的过程中，从小学起就教给他学习的方法而不是灌输具体的知识，这样，他掌握了学习的规律，并能自觉地要求自己，在老师的教育下，依靠自己的勤奋和感悟，一直保持着较好的成绩，并且热心公益，成为一个德智体全面发展的优秀学生和优秀学生干部。北京大学是全国最高学府之一，在这里，可以受到最好的教育，衷心希望梅松能尽快适应新的学习生活环境，继承北京大学爱国、进步、民主、科学的传统，发扬勤奋、严谨、求实、创新的学风，志存高远，胸怀祖国，放眼世界。

　　无论治学还是为人，当牢记王国维在《人间词话》中阐述的三境界论：古今之成大事业大学问者，必经过三种之境界。"昨夜西风凋碧树，独上高楼，望尽天涯路"，此第一境也。"衣带渐宽终不悔，为伊消得人憔悴"，此第二境也。"众里寻他千百度，蓦然回首，那人却在灯火阑珊处"，此第三境也。要想有所成就，就必须树立远大的理想，朝着既定的目标，脚踏实地，越过坎坷，坚持不懈地追求，才能到达真理的彼岸。

家长寄语：舍我其谁的自信，持之以恒的努力，蓦然回首的惊喜。

家长姓名：刘澜波　深圳市第十二幼儿园保健医生
学生姓名：刘　洋
录取院系：地球与空间科学学院　地质学基地班
保送类型：化学学科竞赛保送
毕业中学：深圳中学
获奖情况：2009 全国中学生化学竞赛（省级赛区）一等奖
　　　　　2008 全国中学生化学竞赛（省级赛区）二等奖

培养君子

"恭喜！恭喜！刘医生，你儿子上报纸了。""恭喜你！你儿子考上了北大。""刘医生，你真了不起，你是怎么培养儿子的，我们要好好向你学习。"……

那天因为我儿子是深圳市今年第一个接到大学录取通知书的高考生，所以《深圳特区报》、《深圳晚报》、《晶报》等多张报纸都刊登了我儿子——深中学生刘洋拿着北京大学录取通知书的照片。听着那么多赞美的话语，十几年来的艰辛一扫而光，我心中有说不出的喜悦。我想把儿子培养成君子的努力已初见成效。

学习要顺其自然，不要拔苗助长

这些年来，我一直注重培养孩子的爱心、责任心和良好的行为习惯，坚持正面教育、正面引导为主的原则。教他什么是可以做的，什么是不可以做的，教他明辨是非。他小的时候，每天他入睡前，我会读一会儿书给他听，《安徒生童话》、《格林童话》、《东周列国志》等好书都曾进入我们的读书时间。孩子都喜欢看动画片，我主要为他挑选正版迪斯尼动画片,《白雪公主》、《虫虫危机》、《变身国王》、《玩具总动员》等,正义战胜邪恶是永恒的主题。比如说,小孩子都喜欢买新玩具。我在家时就会跟他讲好,妈妈买得起的东西,妈妈一定会买给你,因为妈妈是最爱宝宝的,但是妈妈的钱不是很多,所以有些东西,我们只能在商场里看看就走。我的儿子在商场喜欢的玩具前,从来不会赖着不走。

现在,很多家长从幼儿园阶段就给孩子选择名校,不够年龄的想方设法改年龄早读书。我儿子既没有择校、也没有改年龄。当年,深圳市规定孩子要满6岁半才能读小学,我儿子是五月份生的,差两个多月。我上班的幼儿园有几个布心小学老师的孩子,儿子要走后门早一年读布心小学,也不是不可能的,但我没有这么做。记得有位老师说到:"千万不要让孩子过早读书,他(她)没有发展到这个水平,很多是一开始就60~70分,永远跟在别的孩子后面跑。我们老师带这种孩子很累、家长也累、最累的是孩子。不能拔苗助长。"我儿子是符合政府规定的年龄读书的,他满了7岁3个月才读小学。

正因为他在班上年龄较大,从小养成的行为习惯较好(他小时候一定是写完作业才玩),所以,他跟着老师学知识,成绩一贯优秀,他的学习我操心很少,而且他的学习也很轻松。刘洋一直在家是好孩子,在学校是好学生,从不惹是生非。小学一年级,他就受到老师的特别关照,班上选一个或几个学生去参加作文比赛、数学竞赛,都能选到他。下午放学后,去老师的办公室开小灶学多一点。这样直到小学毕业。他顺利地考取了深圳市外国语学校、深圳实验学校超常班、深圳中学超常班。最后,我综合多方意见帮他选择了深中。

今天我儿子顺利地考上北大,证明了我六年前的选择是正确的,广东省学科竞赛深中最强,我儿子是竞赛型的孩子,深中适合他。社会上常听到,要给孩子减负,很多孩子忙到晚上十一、二点写不完作业。我觉得他们是没有培养好孩子的学习习惯,一边学、一边玩。没有学好,也没有玩好。我家儿子就是考北大,也没有看见他怎么忙。反倒是我比他紧张,我提醒他少玩一点,多复习。他还回味我一句:"妈妈,你不是不知道,我是非主流的(不是很用功,但成绩还不错)。考试不是靠复习的,而是靠平时积累的。"我记得好像是他上小学四年级的样子,那时,我每天下班到家,放下包就是冲到厨房去做饭做菜。他每天放学后,到家里也是放下书包就写作业学习。突然有一天,放下书包后,他一反常规地躺到了床上。走过去,一摸他额头滚烫的,才知道原来他发烧生病了。刘洋其实一直很好带,原因是,他从小吃好、喝好、睡好、长好,学习好,生病少进入了一个良性循环。

心理发育一样重要

儿子从小就立志要当科学家,我常跟他说科学也不是一个人能做的工作。人生活在社会中,就一定要适应社会,有团队精神,会团结协作。杨利伟一个人上太空,那需要很多人的辛勤付出来支撑的。

他7岁那年,我发现他虽然不爱说话,但喜欢唱歌,我马上借钱买了钢琴,让他系统地学习钢琴(因为我自己五音不全,唱歌总跑调,我希望他能唱好),每个周末带他去上钢琴课。钢琴学了十来年,虽然只拿到了业余八级证书,但他已经爱上了音乐,平时他喜欢听古典音乐。我儿子玩电脑也和别人不一样,大多数孩子是喜欢疯狂地玩游戏,他在电脑上经常玩音乐,比如在电脑上让不同的乐器演奏同一首曲子,或者自己在电脑上作曲、再让电脑把他作的曲子演奏出来等等。他很喜欢看中央电视台两年一次的青年歌手大奖赛,尤其喜欢考试的环节,因为那些乐理知识他经常比参赛选手还会答些。

另外，我接受心理医生的建议，尽可能多地带他参加对抗性强的体育活动，为他制造更多与社会接触交流的机会，提高他的交往能力和社会性。我带他学了几期乒乓球班、三期游泳班、还有多期足球班、一期羽毛球班。几乎每个周末，我们都要去上体育班，这可能也是他很少生病的原因之一。虽然，多年来上了多种体育班，但他一直体育不好，不爱运动，可是我们至少达到了锻炼身体的目的。而且，可喜的是到2007年为了提高中考体育成绩，开始学习篮球班后，他终于爱上了篮球，至今都喜欢打篮球。现在，只要有时间、有机会他都会主动要求去打篮球。游泳虽然他也学会了，但至今都是要求他去，他才会去游泳。这么多年我是没有周末的，周一到周五为了工作起早，周六、周日，为了送儿子去上各种班起早。我常跟朋友开玩笑地说，我的星期是星期一到星期七。

六年前选择深中，也有一个原因是深中的社团活动特别多，能增进同学们的交往。他现在是个关心班级、关心集体、师生、同学关系良好的好学生。北大的自主招生考试，不但要笔试，还有面试。这次面试，就是对儿子社会性发展如何的一次重大考验。我儿子通过了面试，这也就说明这些年来，我的努力是有成绩的，他现在虽然不是一个善于交际的人，但一般的交往能力他是已经具备。

我觉得良好的亲子关系是孩子愿意接受家长的正面教育，茁壮成长的基础。儿子一直很尊重我、爱我，把我当成他最好的朋友。他有什么开心或不开心的事都愿意告诉我，与我一起分享分担。我会喜欢他所喜欢的东西，跟他我学会了许多过去我不会的东西。比如说梅森质数、麦比乌斯圈、全世界最高点喜马拉雅山的高度，最低点马里亚纳海沟的深度，德国三大名字以B开头的作曲家是谁？《G大调弦乐小夜曲》、《加伏特舞曲》、《匈牙利狂想曲》F1著名的赛车手汉密尔顿、巴顿、阿隆索，网球名将费德勒、纳达尔、穆雷，NBA明星大鲨鱼、小皇帝、小飞侠……儿子经常跟我聊这些话题，因此，我也学会了这些知识点。

未来希望

北京大学是世界一流的大学,我希望儿子在北大能严格要求自己,思想上、专业上迅速成长起来,把自己打造成一名真正的君子。最后借用我们暑假去看爷爷时,爷爷对我儿子的期望作为结束语:勤奋求智慧,艰苦磨意志,迎难攻科学,立志攀高峰。

家长寄语:因材施教,注重孩子的心理发育。

家长姓名：王进光　中共党员，中学一级教师
孩子姓名：王墨岩
录取院系：光华管理学院
毕业中学：河北冀州中学
获奖情况：河北省三好学生

给孩子翅膀，让他飞翔

　　作为家长，尤其在竞争日趋激烈的今天，都希望自己的孩子能在社会上有立足之地。我也是千万个"望子成龙"家长中的一员。从墨岩上学之日起就寄予了很大的希望，高考的两天中，同众多的"家有考生"的家长一样，在担心、渴望、焦灼、坐卧不宁中渡过，考过后也不敢问，不过看到孩子如释重负一脸轻松，我也像找到1949年的感觉——解放了。高考分出来后，北大——人皆仰望中国的最高学府，中国教育的神圣殿堂，便与我和我的家人连在一起，我在中学教历史，陈独秀、胡适、蔡元培、李大钊、鲁迅、严复、矛盾、马寅初等一串串光辉的名字书写了北大的辉煌。我激动万分、向往已久。

　　回想孩子上学的历程，心中自有几分感慨，也非什么宝贵经验，只是一些做法，说出来与大家分享。

　　学会学习首先要学会与人相处。不与人好好相处肯定搞不好学习。上高中第一年时（在外地求学）我给孩子灌输的第一个理念是学会与别人相处，我是搞教学的，很清楚对一个学生来说，情绪对学习有多重要，许多学生初入高中是第一次离开父母，因为处理不好同学关系等一些生活小事而忧愁烦恼，影响学习的非常多。我告诉孩子到学校要好好与大家相处，能帮助别人的时候不要推辞，能

帮助别人说明你有能力，同学不小心冒犯了你要宽以待人，不可斤斤计较。每次孩子打电话回家，我问得最多的是过的开心不开心，与大家相处的好不好。我很少去看望孩子，高三时有一次送了些鸡腿包子，他妈还怕他消化不了，孩子打电话时说自己根本抢不到手里，没吃几个，听着孩子欢快的话语，想象着一帮同学抢包子吃的情景，我每每想起都不由得笑出声，我知道他赢得了一大群好朋友。朋友多，心情就愉快，学习效率就高。

学会感受快乐，这似乎是一句很空的话，但是很有效。他初入高中时成绩并不太突出，半年后凭期中考试成绩进入实验班，但班里猛将如云、牛人林立，根本显不着他，我怕环境对他不利。当时正放电视剧《风华正茂》，我觉得向警予、李立三等人之所以能彪炳史册，除了时代是因素，更重要的是因为能与毛泽东这样的出色人物在一起。我把这种认识告诉孩子并提醒他你生活在一群很棒的人当中，你应为此感到庆幸，这对你是挑战更是机遇，与优秀的人在一起你才会优秀。当周围人超过你的时候你一定不要让嫉妒夺走你的快乐，你要真心地为他们感到高兴，欣赏他们的优秀，为你能生活在他们之间而自豪，当你超过别人的时候，你就要为自己的进步而高兴，这样你的生活中就总会拥有快乐，心情就好，学习效率就高。生活在一群学习尖子中，如果自己落后一点就心生嫉妒于人于己都不利。让我感到高兴的是孩子的成绩虽时有起伏，但情绪一直较稳定，从高二开始成绩是稳步上升。

学会放松，高中生活紧张、枯燥，如果不会自我调节，很难适应。我常提醒孩子学习累了，买点好吃的放松一下，考好了买点好吃的奖励一下自己，觉得闷了可以散散步。我和孩子每周电话联系一次，到高三的时候，我通过电话给他的更多的是有趣的、新奇的见闻。一周中我用心搜集家庭中、工作中的趣事。有时也看一些笑话书，不讲意义，只要逗笑、新奇。比如我们班那个同学说什么逗笑话了，他妈留了个啥头型，县城有啥新鲜事，甚至全友公司用飞机做广告,飞机多漂亮,我都跟他说。有时还故意抱怨他妈不坚持锻炼减肥,让他管管,他当然管不了这些,我只是说给他听,转移他的注意力让他乐一乐,每次听到电话那头笑个不停,我就觉得这次通话很成功。当然孩子自己也挺会找乐,每周六都和朋友聚一次餐,所谓聚餐不过是每人买一样平时舍不得吃的菜,大家凑一块儿解解馋,我很支持他,这样即放松了心情,又加深了友谊。

鼓励孩子,这也是老生常谈。上高中以后我在知识上很少有能力帮他,能做的只有给他加油。记得初入高中,初三时数学拔尖的他,数学成绩老不理想。我帮不上任何忙,只跟他说,你数学基础好,只要细心琢磨错题,找准知识漏洞,再向数学老师请教,我相信你一定可以解决问题。后来他几次回家都拿回一些数学题,自己做做,问问别的老师,成绩慢慢就上去了,高考时考了139分,高二时物理成绩有些波动,我也是鼓励他自己解决,结果高考时理综考分了284分。可能有的人觉得我运气好,孩子一鼓励就能上去,也许是吧,但我见有些家长当别人的面把自己孩子说的一无是处,甚至骂个狗血喷头,这总不好,你都认为孩子不行,孩子怎会有自信心呢!很多好孩子是夸出来的,当然还得有耐心,并不会一鼓励成绩就上去,还得有耐心等待。

对待成绩,我从来不会不在乎,也从来不会太在乎。他每月考好几次,不是每次都跟我讲,当他高兴地告诉我这次成绩还行时,我就会细细地问一下每科考多少分,让他充分地兴奋一下,享受一下快乐。有时我还会用调侃的语调表扬他一下,有时就一本正经的说,你真行,买点好吃的奖励一下自己吧。考的不好时,我就不再细问成绩,只是半开玩笑地跟他逗。一模时,他考得不理想,我就拿股市跟他看玩笑,我说怎么这次股指大跌,一片绿灯呀,觉得见底了吗?啥时候反弹翻红?我其实很在意他的成绩,但我不会把自己的压力加给他。逗得他心情好些时,就提醒他整理错题。这得感谢他的那些老师们,他们督促得很严,孩子每次考后都能通过整理,有所收获。

　　关于放假，他们学校要求很严，每个月放一次假，所以回家后，我们做的只是给他洗洗衣服、做点好吃的，他玩玩游戏。还有就是他跟我说说学校的事，说他的老师同学及他的学习安排等。通过这些谈话我会发现孩子生活学习中存在的问题，及时给予相应的建议。我也把家里的一些事跟他念叨念叨，甚至某些事会征求他的意见。寒暑假时间较长，他一般会制定一个作息时间表，我只是督促提醒他而已。当然很多时候生活并不能照表进行，就只有马虎过去了。我觉得假期还是以玩为主比较好，我们家假期一件很重要的事就是玩，一家三口每天都会在球案上奋战，虽然球技不佳，但开心快乐。虽然我很希望他完成作业，但完不成我也不会苛责，自己的事自己看着处理吧。

　　孩子永远是家长的牵挂，人生是一场马拉松，中学阶段过去了就迎来大学生活，大学里他将面临更大的竞争与挑战。孩子，海阔凭鱼跃，天高任鸟飞，在困难面前不低头，用汗水书写辉煌，用拼搏创造奇迹，继承北大人的光荣传统，做一个对社会有用的人。

> 家长姓名：李齐民　河南省商丘市公安局经济开发区分局法制室
> 　　　　　周秀玲　河南省商丘市啤酒厂
> 学生姓名：李　楠
> 录取院系：考古文博学院
> 毕业中学：河南省商丘市第一高级中学
> 获奖情况：2007年全国高中数学联赛河南省预赛一等奖
> 　　　　　2007年被评为市级"三好学生"和"十佳高中生"
> 　　　　　2008年被评为市级"优秀学生干部"

我助女儿圆梦

随着开学日子的一天天临近，我心情万分激动，我的宝贝女儿就要远上北大求学了。说实话我还真有点舍不得，但为了女儿的梦想，为了兑现2008年8月27日16时许下的诺言（"博雅塔很高、未名湖很美、图书馆很大、北大很牛，努力、加油！明年的金色九月，爸爸亲自送你到北大！"此短信我女儿一直保存在她的手机里，时刻激励她奋发学习，努力拼搏），我毅然把我女儿送到中国最好的学府——北京大学，让她在知识的海洋里畅游、拼搏，成长、成才，为祖国建设作出自己的贡献。

望子成龙，盼女成凤是每个家长的夙愿，"青出于蓝而胜于蓝"更是每个老师对学生的殷切希望。2009年高考，李楠虽然考出606分（全市文科第三、应届第一）的成绩，却以4分之差与她梦想的北京大学失之交臂。为了实现自己的梦想，性格倔强的她毫不犹豫选择了复读。经过一年的艰苦努力，孩子在今年的高考中摘取全市文科状元被北京大学录取，终于圆了自己的北大梦。

回顾女儿十九年的成长历程，历历在目，仿佛昨日。经过认真总结，我认为在教育孩子时要重点把握好以下十个字：严管、厚爱、平等、榜样、鼓励。

严管。主要是在学前班以前，那时孩子非常小，基本上不能分清好坏、是非。作为家长就要当好孩子的第一任老师，帮助孩子辨别，好的东西要帮他多接触、多学习，坏的东西坚决不能让他沾染，这是根本原则，坚决不能动摇。比如骂人、说谎等都是原则问题，在这方面作为家长我要求是最严格的，可以欣慰地告诉大家，我女儿到现在都没学会骂人，我坚信以后更不会。

厚爱。可怜天下父母心，作为家长没有一个不爱自己子女的，但爱的方法、方式各有不同。古语有云"父母之爱子，则为之计深远"，厚爱并不是溺爱。作为家长不仅要让孩子在物质上吃饱、穿暖，更重要的是精神上的关心、关怀，为孩子提供和谐的家庭环境、时刻关注孩子的心理变化。在孩子取得好成绩，有骄傲自满苗头时，要适当给她降温，让她保持正常心态；在孩子情绪低落时及时给予鼓励，增强战胜困难的信心。孩子从上高中起，每次考试的各科成绩我都一一列表记录了下来，帮她总结成绩、鼓舞斗志；分析问题、查找不足。近几年来考上北大的学生资料我都尽量收集，总结他们的成功经验，让孩子学习借鉴，时刻为她找准前进的目标。在邻近高考时，家长厚爱孩子更要做到"润物细无声"，在孩子面前尽量少谈高考的话题，不给孩子增加过多的压力，让孩子轻装上阵，笑对高考。

平等。家长在教育孩子时，一定要放下架子，有时还真没有孩子懂的多、识的广。当孩子问到自己不会的问题时，家长一定不要敷衍了事更不要批评孩子，而要积极利用互联网资源查找正确答案，与孩子共同学习、共同提高。交流思想时，地位要平等，要和孩子交朋友，不要居高临下，处处以家长自居，特别是对待处于心理逆反期的孩子，更要给她尊严，禁用伤害孩子的语言，如："笨蛋，没用的东西"，"我再也不管你了，随你的便好了"，"都是一样的孩子，你怎么就不如别人"等。这些话语常常会刺伤孩子脆弱的心灵，不利于孩子健康成长。

榜样。榜样的力量是无穷的。作为家长一定要处处、时时为孩子做出榜样，让孩子学习、效仿。如孩子在家做作业时家长不要看电视，更不能打麻将，否则，会对孩子产生负面影响，造成心理不平衡，为啥让我学习，而你们却在玩，孩子根本就不可能学到心里去。最有效的办法是陪孩子学习，家长可以看业务书籍、报纸杂志，时刻为自己充电，让孩子知道学习不单单是孩子的事，也是家长的事，任何人不学习都要被时代淘汰，从而增加孩子学习的兴趣和自觉性，把孩子引到自觉学习的良性轨道上来。

鼓励。好孩子是夸出来的。"赏识教育"的创始人周弘硬是把一个聋哑的残疾女儿周婷婷教育成留美博士生，他教育孩子的心得就是"持之以恒地相信孩子行"。家长在教育孩子时一定要多鼓励，孩子受到表扬后会更加勤奋，更加努力。在给孩子制定学习目标时，一定要切合实际，不要好高骛远。理想要远大、目标要现实，要时刻结合孩子的实际情况制定让孩子"蹦起来摘桃子"能完成的目标，让孩子看到我只要努力，目标就能完成。孩子一旦达到目标，就要及时鼓励、夸奖；若没有达到，家长也不能责怪孩子，要在孩子心情较好的时候，同她一起分析原因，鼓舞斗志，力争下次达到目标。切忌制定"望梅止渴"不现实的空谈目标，如孩子现在班内排十九名，家长非得给孩子制定下次进前三名的目标，就是不现实的。这会让孩子产生畏惧心理，认为目标太高，难以完成，反而产生懈怠思想，而应结合实际，制定力争进十五名的目标，让孩子看到希望，从而激发斗志，朝更高的目标前进。

以上只是我教育女儿的一点感悟，写出来和大家分享，希望能对大家有一点点启发、帮助。

楠头，你就要离开父母，独自远行了，临行前，老爸有几句话你要时刻牢记：继续保持在高中养成的良好习惯和激情，发奋读书，充实自己；进入北大只是人生的第一步，后面的路还很长，能进北大的都是精英，你现在只是凤尾，一定要努力争当凤头；要尊敬老师，团结同学，处处与人为善，切记："己所不欲，勿施于人"。

  楠头，出发吧！我会时刻关注着你，老爸永远是你的坚强后盾！记住：有困难找"警察"！

家长姓名：吴世芬　广西医科大学护理学院，副教授，从事护理教育工作
学生姓名：刘子琪
录取院系：北京大学经济学院
毕业中学：广西南宁市第三中学毕业
高中阶段所获得的奖励：
　　2008年全国中学生英语能力竞赛获得广西赛区高二年级组一等奖
　　2009年全国高中化学竞赛获得广西区二等奖
　　2010南宁市三好学生

探索适合孩子健康成长之路

今天看到自己的孩子成为一名光荣的"北大人"，实现了他心中的梦想，我们父母为他高兴，为他自豪。身边的同事朋友无不投以羡慕的眼光，也有不少人想知道我们是如何教育孩子的？其实，每一位家长如果用心探索都会发现自己的孩子的特点，引导孩子健康成长很重要，我们没有很丰富的教育经验，只想谈谈我们的教育理念。

一、良好氛围是健康成长的前提

我是学医的，尤其重视健康，同时从事教育工作，特别盼望孩子成才。父亲大学毕业后从事技术工作一段时间改行从商，走南闯北，见多识广，把培养孩子生存能力放在首位，从小让孩子知道"一切靠自己"、"快乐中成长"，偏西方的教育理念。我们不同的教育理念，有过争执，但为了让孩子健康成长我们在不断探索、磨合、

融洽，当意见出现分歧时，以孩子健康成长为重，最后尊重孩子的意见。

记得小学阶段我要求孩子参加国画班学习，每周接送并陪同，每次孩子哭着去、哭着学，笑着回，我既花了时间又赔了钱，无奈之下，最终同意他选择自己喜欢的球类兴趣班，看见孩子健康的体魄，快乐的笑容，从此我们不再到处打听各种兴趣班，再也不以参加兴趣班多为荣；到了初中他自己选择了学习吉他，我们也不再阻止；高中一年级每一位学生或家长都为高考加分早早做了准备，我也建议他放弃周末休息，参加奥赛学习班，但是在周末、节假日，他就想做自己喜欢的事情，吸取小时候的教训我们不敢强压，到了高三年级，很多同学都通过各种途径得到加分，我们也想方设法帮他，但他始终认为当今高考加分存在诸多问题，让人们有空子可钻，不公正不合理性明显，不久将来必定会被改进或废除。因为他知道自己没有加分，所以学习特认真、特专心、特投入，效率很高，学习成绩进步很快且保持稳定。

还有小升初的时候，不少学生选择民办或贵族学校，家长为了孩子成才也不惜代价择校，我们也不例外，此时孩子决定就近读初中，我们为此捏了一把汗，最后他如意考上南宁三中（区重点），我们才松了一口气。

印象最深的是高中二年级文理分科一事，我建议他学理科，父亲建议他学文科，他自己希望高考制度改革不分文理科，但不现实，为此事他烦恼、斗争、无奈，对高考持怀疑的态度，迷失了方向。最后我们根据孩子的思维方式、性格特点、兴趣爱好及老师的意见综合分析，我们反复强调，适应当今的高考制度也是一种生存能力的表现，经过一段时间思考他选择了理科，他觉得做出这样的选择完全是高考的缘故，他追求的是全面发展，至今他还是坚持认为以后高中阶段应全面发展，不分文理科，这也是他今天选择综合性大学——北大的文理兼招的经济学院的原因之一。总之，孩子成长发展过程中，会遇到很多问题，家长们不要施压，减少权威，善于发现，善于引导，尊重孩子的选择，孩子在良好的家庭氛围才能健康成长。

二、幼儿教育是健康成长的基础

我一贯注重孩子的智力开发，小孩 1 岁看婴儿画报（只是撕书而已，但与书结下缘了），2 岁学认字和读英语，3 岁上幼儿园就已经是领头羊了（每天领读，回到家声音嘶哑，既心痛也高兴），4 岁学拼音和查字典（因为没有时间陪他了，我们工作都很忙），5 岁可自己查字典认字读书看报，6 岁喜欢看我的医学书，看《人体解剖学》也不觉得枯燥无味，不懂就问，总是回答不完他的问题。总之，小时候教他学习是一种乐趣，反应快，悟性高，记性好。

到幼儿园接小孩时，别的家长总是问我如何教小孩的？是否家里挂满卡片，其实，一张卡片都没有，我们都是随见随教，在玩耍中学习，我们工作忙，没有固定的时间教他，我们始终认为知识是靠积累的，不能急功近利，培养学习习惯和教会学习方法比教他掌握多少知识重要。所以，别人担心拼音和英语容易混淆时我们大胆尝试让他两者同时学习，既然发现他一点不含糊，很快就掌握，后来他学会查字典后我们就轻松了。同时教会他如何看书：当一本书很厚，先看目录，找到你想看的内容，再翻到相应页码，看大标题后再细读内容，感兴趣的地方作个记号，培养他自学的习惯就是从这些小事做起的。

我觉得幼儿期的教育对培养孩子的良好习惯更重要，包括学习、玩耍、休息、饮食、卫生等。我们从小要求他该学习就认真学习，该玩时就开心玩，该睡时什么事情都不要想，该起床不能赖床，该吃饭时不能干别的事情，不能偏食，对身体好的无论好吃不好吃都要吃，饭前便后要洗手，注意卫生。这种习惯的培养就是意志力和控制力的锻炼，5岁时就他能做到新闻联播时间停止看动画片，跟我们一起看新闻，关心国家大事，关注周围的事情，还坚持每天读报。

幼儿期的教育给日后的成长发展打下了良好的基础。从小学到初中到高中，天天做到准点起床，准点上学，准点回家，准点休息。我们真的很省心，从不需要检查作业，从不需要督促起床和睡觉，从不迟到和早退（开家长会时还反复叮嘱我们不能迟到），上课专心认真，坚持锻炼身体，精力充沛，做事效率高，事半功倍。每天他都有时间看课外书，周末做他自己喜欢的事情、节假日结伴郊游，假期一家人外出旅游。他每天生活都很开心很快乐，他觉得学习是一种乐趣，从不烦恼。

三、优秀品格是健康成长的体现

有人往往以考试分数的高低和排名前后来衡量学生是否优秀，我们从来不这么认为，我觉得学生应德、智、体全面发展，不但学习好，身体要好，品质更要好、人格必须健全。其实别人看到的只是他的学习成绩好，而我们不仅仅满足于好的学习成绩，更注重优秀品格的培养。这就要求父母的榜样作用，父母的一举一动、一言一行孩子都会看在眼里，记在心上，会起到潜移默化的作用。我们脚踏实地、吃苦耐劳、勤俭节约，让他知道凡事都要付出、来之不易；我们和蔼善良、关心他人、助人为乐、不说三道四，让他知道如何做人；我们一丝不苟、兢兢业业、工作专注、不斤斤计较，让他知道做事的道理……一直坚持，表里如一。

没有谁比父母更了解自己的孩子，我更欣赏的是孩子的品格，这是我认为最成功的教育结果。他有一颗善良的心，经常默默地帮助他人，急别人之所急；他意志力、自控力强，即使寒风刺骨，打雷下雨，也不让父母接送，仍然第一个到校，为了减轻体重，可以经得起美食的诱惑；他善于独立思考和具有评判性思维能力，坚持真理，不从众，走自己的路，喜欢独特；他善于发现分析问题，有预见（事实已证明）；他考虑问题全面，全球、社会、人类、资源常放首位；他心理健康，性格开朗，结交了许多朋友，从不孤独；他充满自信，只要想做的事情没有做不到；他遇到困难和挫折，坦然面对，淡定自若，不慌不急。他虚心谦让，总是看到别人的优点，从不显耀自己的优势（不允许我们谈论他的分数和名次）；他心态平和，不求功利，记得初中阶段，还要评定操行分，老师看见个别同学操行分太低，于是在班上宣布，明天早上来学校操场扫地的给予加分，第二天所有的同学都争先恐后地在扫地时，老师纳闷？怎么一如既往总是第一个到校扫地的他今天怎么不来了？寻找时发现他一个人在教室默默地摆桌椅板凳，整理讲台。过后才知道他的想法，他认为今天去扫地就是为了加分，太功利了。总之，良好品格的形成不是一两天的事情，必须坚持，持之以恒。

人生没有一帆风顺，小时候他是在赞扬声中长大，形成了争强好胜的性格，对自己要求特别完美，凡事想拿第一，经不起挫折，受不了委屈，不允许自己犯错。为了改变他，我们从古到今，从国内到国外，从名人到凡人，一一举例说明，让他知道："山外有山，人无完人，金无足赤，人生会犯许多错误，关键是能面对错误，改正错误，永远拿第一是不可能的，应该取别人之长补自己之短"。经过长时间的看书学习和思考，他终于悟出了此道理。初中给我的一封信中有几句话记忆深刻："妈妈：我不是领袖人物，期望过多，失望就多；我在学校生活很开心，总有人帮助我，我也帮助别人，我追求的是健康，试想没有健康的人有何用？"现在他能以良好的心态面对所发生的一切。

四、融入北大是健康成长的延续

探索19年一起走过的路，有艰辛，有付出，有快乐，有得到。

高考结束，孩子不需要天天做那些应试题，他和同学结伴旅游、看电影、看NBA、KTV、家庭音乐会、重拾吉他、一起娱乐。常看到孩子在球场上拼搏，空闲时找老师聊聊天，做做家务，帮助落榜考生复习，向高中生介绍学习方法，常回母校做力所能及的事情。现在孩子即将离开身边展翅高飞，飞向北大。北大是精英集中的地方，是培养国家栋梁的摇篮，进入燕园，肩负着社会的重任。

儿子，高考的分数已成为过去（状元也如此），从现在开始必须融入北大，融入北大是健康成长的延续，你将开始新的生活，认识新的老师，寻找新的朋友，摸索新的学习方法；你要学会独立思考，学会选择决策，学会处理问题，学会沟通交流；你要提高自身的综合素质，培养想象力和创新意识，开拓宽广的视野，奠定扎实的基础；你要抱着远大理想，努力奋斗，不断追求，奔向未来。坚信自己的选择，今天你以北大为荣，明天北大以你为荣。父母永远支持你，融入北大，加油！！！

个人感悟：健康就是财富，坚持就是胜到。

家长寄语：少点唠叨，多点尊重；少点批评，多点赞赏。

家长姓名：涂运桂　湖北省武汉市武昌区公安分局
　　　　　张志宏　中共武汉市武昌区委
学生姓名：张瑞辰
录取院系：社会学系
毕业中学：湖北省武汉外国语学校

隐形的翅膀

转身瞬间，我家有女初长成。2010年7月26日是个看似平淡，实则非同寻常的日子。这天，身在"火炉城"中的我们家，收到女儿的北京大学录取通知书，喜悦、激动、爽朗之情沁人心脾。轻拂那红底银字的北京大学录取通知书，妈妈落泪了，是兴奋？是激动？也许更多的还是"母爱"的升华。我们女儿用墨香把激情与自信播洒在荆楚大地上，实现了她"唯考北大无遗憾"的理想。

百年燕园是莘莘学子的理想乐园，是无数家长们面对苍穹的祈望。回顾从呱呱坠地的"梦想"，到收到北大录取通知书的这18个春秋，一路豪情一路歌，作为家长真的思绪难抑。

一粒种子的选择

播下一粒思想的种子，成就一个理性的选择。"行动从思想中来"，这句雷锋说过的话，确实很有道理。

女儿4岁时似乎有了思想。有一次谈起了上大学的事儿，小小的她竟问我们："全国最好的大学是什么大学？""北京大学。""我长大了就要上北京大学！"听到她那幼稚的"宣言"，我们还没往志存高远方面去想，只当是童言无忌。小小年纪有理想有志气，当然让我们家长欣喜、满意，她也得到了肯定和赞扬。此情此景，时隔十几年了犹如发生在昨天。未想一粒要上北大的种子，从此播进了她思想的土壤。

孩子的选择无疑是理性的，是适合她的，也是难能可贵的。孩子和我们从她十几年的拼搏、付出、收获中品尝过大大小小的喜悦与甘甜。正如柏拉图说的，"有理想的地方，地狱就是天堂"。

万物皆有生命，生命皆有爱，爱皆有力量，尤其是亲人的爱。爱的力量之一就是尊重孩子的选择，支持孩子的选择，呵护孩子的选择。

初中，她选择了武汉市数一数二的学校——武珞路中学。高中她放弃了其他几所省重点中学开出的优惠条件，坚持去了全省文科最优秀的学校——武汉外国语学校。高一后，作为理科实验班的第五名，尽管有很多老师一再挽留，她还是很坚决地放弃了理科，带着数学科目上的绝对优势转入高二文科班的学习。一路走来，重大的人生选择都是她自己做出的。她选择了，并坚决地实践。她以矫健的步伐奔跑在追梦的路上，一路上靠自己将深深浅浅的脚印延伸到北大梦的方向。进取心是孩子前进的不懈动力。孩子4岁时有了上北大的梦想，我们帮她把大目标变得明确具体，那就是名列前茅。这个她从小学到高中都做到了，她依靠出众的能力和良好的习惯始终在第一集团领跑。苏格拉底有句很朴实的名言："认识自己，方能认识人生。"抚今追昔，我们为女儿能认识自己，并在坚持了选择后矢志不渝、不断进取而欣喜，而欣慰。

选择，是深邃的天空中划过的一颗璀璨的流星；选择，是青春的面庞上掠过的一丝神秘的微笑；选择，是激滟的碧波上荡起的一层美丽的涟漪。

让思想走在年龄的前面

大凡伟人或成功人士的思想都是走在年龄前面的。1835年8月，马克思在中学毕业的论文中提出了一个崭新的思想："我们选择职业所应遵循的主要指针，是人类的幸福。"马克思循着"追求人类幸福"的伟大指针最终解释了资本主义的本质，成为19世纪最伟大的思想家。周恩来在回答校长问同学们"你们为什么要读书"时，大声说"为中华民族之崛起而读书"。当时他年仅12岁。比尔盖茨不到10岁就一头扎进富兰克林、罗斯福、拿破仑、爱迪生等大名鼎鼎的科学家、政治家、军事家、发明家的传记中。他说他读这些历史伟人的传记是为了理解他们如何思考。此外，他还读科学著作和商贸书籍。所以他的行为自然与他的同龄人有所不同。小小年纪就表现出非凡的思想。他从"微软大帝"华丽转身为裸捐的"慈善大王"不难看出他思想发展的轨迹。让思想走在年龄前面，似乎是他们共同的精神支柱。所以，我们在开发孩子智力的同时更注重开发她的思想。事实告诉我们，这是对的。

人的精神支柱是一生的思想根基。父母在这一点上是高度统一的。通过言传身教、倾心交流、平等对话，领她走出去扩大视野、鼓励她大量阅读、支持她的各种爱好，欣赏她积极参加校内外各项活动等方式方法，让爱国、爱党、爱社会、爱集体、团队意识、奉献精神、真诚、善良、严谨、吃苦等品质植根在她的心田，并潜移默化地成为她前行的灯塔，前进的加油站。

高二时，女儿参加了学校业余党校的学习，培训期间，尽管学习负担很繁重，她一节课不落，认真听课做笔记，以共青团员的身份为基点，学习党的科学理论知识，积极参加社会活动。2010年7月10号她参加了入党宣誓，光荣地步入了共产党员之列，为提升自我价值迈出了新的一步，也让她的思想走在了年龄的前面。

文科班有些同学的数学遇到了疑难，总是她帮忙解答。一是因为她数学很强，二是她乐意帮助人。有时一道题讲几遍，直到讲懂为止，很耐烦。我们有时候担心她耗时太多，影响自己的学习。毕竟这是强手如林的外校啊，竞争激烈时间宝贵。她说，老师号召全班同学要互相帮助共同进步，为班级、为学校争光。这说明她有很强的集体荣誉感和团队精神。她还说，他们找我，也是看得起我，我也要尊重他们。何况我讲得让他们听懂了，我对知识和技巧的理解也更深刻了，忘不了，不用复习了，时间也就节约了。英语也是她的强项，她语法很扎实，因而也常常给同学辅导。当然，她有什么难处，大家也乐意帮她。因此她与同学相处很愉快。是不是人脉意识在她心中潜滋暗长着，我们不知道，但是"为他人着想"这个第一等的学问她却时时践行着。

从她的兴趣爱好、文化底蕴、综合素质上，我们也能发现她让思想走在年龄前的斑斑点点。作为文科生，她深知语言的重要。她连续4年获得全国英语能力竞赛一等奖，作为英语课代表参与组织外校传统的圣诞晚会活动并成为晚会的主持人之一，参与年级地震模拟英文新闻发布会的筹备和组织工作。她还爱看哈利波特原版书和原版电影。中考后，她开始学习法语，高考后立即参加法语培训，上北大后，还要继续，不会中断。学了法语，她还希望能学习她最喜欢的德语。有希望有追求的人，活得快乐，活得奔放，活得顽强，让你生活充满阳光，写满春天的幻想，收获秋天的辉煌。我们知道，我们的女儿会是这样的，女儿深深懂得机遇永远留给有准备的人，留给不断追求创造机遇的人

女儿的高中生活十分丰富，完全不是其他人想象的黑色高中。**她爱好广泛**：每天下午都钻进琴房练习小提琴，晚饭一头扎进她最爱的《环球时报》，每周都和同学在羽毛球场上挥拍较量，晚自习后就到操场上跑上两三圈，看书乏了就提笔临摹两页硬笔书法，晚上在寝室打着电筒沉浸在各类名著中。这些活动将她的智慧和能力扩

展到书本和试卷之外，搅动起学习压力下生活的波澜，把她的视野延伸到广阔的天空。

当然，她还是个疯狂的球迷，经常熬夜看足球比赛，奥运会更是一场不落，她还看推理小说，看"海峡两岸"，看"今日关注"。她觉得这些对她的人品、学品、文化、素养都有好处，对生活也有好处。培根说过："生活的理想，就是为了理想的生活。"而理想的生活，也服务于生活的理想。这是她要的生活。学习以外的生活，推动着她向理想靠近。不管平时还是"冲刺"我们一般不会干涉她，因为我们相信她，相信她有思想，有主见，相信她能把握自己，活出理想的人生。

女儿虽然生活在应试教育的大环境中，但在家长和老师的引导下还积极营造着个人素质培养的小气候，她能较好地把两者有机地统一起来。能在北大自主招生中得到 20 分的加分，可能也得益于此。

让思想走在年龄的前面，似一颗北斗，为你引航；让思想走在年龄前面，似一双翅膀，在艰辛翱翔中，为你助力；让思想走在年龄前面，似一句箴言，在得失荣辱上，为你定心。

知"好"和做"好"

不知是哪位哲人说过的一句话，让我们铭记在心，并以此要求孩子——"知道好的东西比知道多的东西更重要。"

什么是"好的东西"？新的、有意义的、是我需要的、对我有用的。听讲、学习、实践，信息量很大，"知道多"固然好，但不易做到；"知道好"却是思维的升华，能力的表现。在比较中分析、判断、取舍，有时是一瞬间的事，要调动专注、思考、敏感、基础、阅历等能力和积累。听讲、笔记、采集处理信息、参加活动、修身养性、社会生活等方面都有它的身影。它是一把提高效率的钥匙，它是一个让你闪光的习惯，它是一种内涵丰满展现睿智的素质。

在和老师交流时，老师夸瑞辰会听讲。老师说：有一次他解释什么叫做专心听讲，专心听讲要做到六个边，即边看边听边思边说边写边记。写指笔记，记指记忆。瑞辰知道这是个好办法，不断地去做，上课时常在"六个边"的状态中，尤以"思"和"写"突出。你可以看到她那凝神、转眸、疑惑、释然的神情，你可以看到她做无板书笔记，能敏锐地记录讲课中新鲜的重要的东西，有时还请老师复叙一遍。因此常常得到夸奖，要同学们向她学习。因为她能在六个边之间伸缩自如地分配时间、精力、注意力，间或"一举多边"，课堂效率高，久而久之，习惯养成了，学习能力也提高了，学习效果也有保证了。也许这样的学习方法在高中尤其在重点高中并不稀奇，但在一个小学生身上可能并不多见。

较高的课堂效率让她在初中高中的学习中显得更自信更自如，老师曾经给我们讲过一个让他吃惊的事。中考冲刺阶段，老师设计了一个问卷让同学们交流复习经验，因为她常考年级三甲，想推荐一下她的做法。其中一个问题是："你回家后是怎么安排复习的？"她回答道："作业和复习我在学校都完成了，回家后没再复习。""那你做什么呢？""做我感兴趣的事儿。"老师说真有她的，还真少见。

良好习惯的构筑须意志品质的骨架。女儿喜欢哈利波特、张怡宁、利物浦足球队、看体育比赛等，都能把握一个"度"。她明白什么时候该做什么事。高一时在理科实验班，因为暑假没上衔接班，理化生差一些，排年级第18名，虽然那段时间我们都很焦虑着急，但她很快便逆势奋起直追到了第9名，这中间韧劲儿和拼劲儿起了很大作用。

许多孩子不是不努力，结果不尽如人意的原因之一是方法上有些问题。"方法比努力更重要。"许多同学知道好的方法和它的重要性，却没将方法变成本领，很大程度是因为是执行力不够，根子在思维定势、行为惯性，没有习惯的习惯在起不良作用。所以说，成功了的人和事都讲方法，"方法决定成败。"

如果说"知道好的东西比知道多的东西更重要"，那么"掌握好的东西比掌握多的东西更有用"，这也是我们的育子理念。

掌握哪些好的东西？知识领域自不必说：基础的，专业的，尽量渊博。这是报效祖国服务社会的本钱。认知领域的：认知规律，学习方法、习惯、能力，思维和做事方法等，这是积攒"本钱"的投入和保证。精神领域的：理想目标、意志品质、心理素质、价值观等，这是积攒和使用"本钱"的保障。我们从小就注意了习惯的培养：学，专心致志，规定时间内完成规定内容，讲究速度；吃，很小就是自己动手；玩，快乐有度，玩而不沉迷。从小打好习惯、效率的基础对孩子的成长非常有利。四年级时，别人默写100字文段要5分钟甚至更多，她不到3分钟就默完了，一字不错而且书写漂亮。记忆能力强、书写速度快、正确率高、字迹漂亮，她后来优异的成绩很大程度上也得益于此。

知"好"是思想的先驱者，做"好"则是思想的落实者。两者是一枚金币正反两面的标志物和含金量，又是一辆汽车的方向盘和车轮子；两者是学生时代的船票，又是职业生涯的通行证。

2009年北京高考作文题似乎最能表达我们的感悟和希冀，因此借用在本文中。

隐形的翅膀，给她风雨中的坚强，给她阴霾中的自信，给她跋涉中的快乐，给她掌声中的清醒。

隐形的翅膀，托起孩子十几年的梦想，带她飞，给她希望；承载为梦想而奋斗的重量，带她飞，飞向远方。

家长寄语：让孩子们都有一双隐形的翅膀。

家长姓名：覃建光　广西鹿寨县农业局干部
　　　　　周自如　广西鹿寨县鹿寨镇二中教师
孩子姓名：覃　亮
预录取院系：北京大学信息科学技术学院
毕业中学：广西柳州高级中学
获奖情况：四次获全国信息学联赛（NOIP）一等奖
　　　　　参加全国信息学竞赛（NOI）获两次银牌、一次夏令营金牌
　　　　　获全国中学生物理竞赛广西赛区一等奖、全国高中数学联赛二等奖
　　　　　全国化学竞赛（省级赛区）二等奖

用心和努力，梦想能实现

去年八月，儿子来电说他与北大签约，今年七月四日，收到了北大的录取通知书，儿子读北京大学的梦想成为现实，让我们全家十分高兴。能够读中国最好的大学当然是让人骄傲的事，朋友同事羡慕之中还询问我教子方法，其实我没有什么特别的方法，只是在孩子的成长过程中多注意多用心一些罢了，方法可能也多适合一些，能让孩子多努力一点。下面是我在教育孩子时比较注意的几点。

家长是孩子的老师和榜样。孩子的很多知识是从周围的环境及身边的人和事中学到的，家长是他的第一任老师，家长的言行无意中成为他的榜样。有的家长空闲时就打牌、打麻将，孩子见了也心领神会，成为扑克、麻将好手，荒废学业。我很少参与这些，除了工作忙之外，最为担心的是对孩子影响不好。孩子读小学四年级时家里买了电脑，他很快就会使用，之后兴趣就逐渐转移到游戏，特

别是玩"魔兽"之类的,我对他都是严格控制时间(一般每次两个小时左右),他基本都遵守规定。有一天,我没事就在电脑上打牌,不知不觉过了两个多小时,儿子先后来提醒我两次,他来时见我还没有停下来离开电脑,就大声地说:"你玩电脑这么久没停下来,以后我也不听你的,我也玩久久的。"一语惊醒我,我马上想到"言传身教,我不能做这样的榜样",就赶紧离开电脑,对他说:"你说得对,不能玩这么久,你看,我都耽误做其他事了,全靠你提醒我。"以后我非工作用电脑时,都尽量控制时间。在生活中有很多的方面需要孩子做到的,家长首先应该做到。我爱看书,影响了他也爱看书。

好的习惯,从小培养。俗话说"三岁定六十",还说"好的习惯,终身受益",可见从小培养小孩的好习惯,形成好的性格是非常重要的。我们家长对孩子从小开始的带教以及幼儿园老师对他的培养,使他形成了良好的生活习惯,他能做的事情就让他自己做,从初中开始在学校住宿,他已经能很好地管理自己,学习用品和生活物品都能打理得很整洁,每天的作息都很有序。学习习惯上我们也是培养他自觉自主,我是做老师的,在家里的很多时候是看书备课的,他看到我工作,自己也去看书或做自己的事。有一次他在家里写完作业拿给我看,叫我给签字,说是老师要求的,我心想这种做法看起来是让家长督促孩子学习,但容易让孩子在学习上落入"完成任务"的形式,不利于培养孩子的自主能力,我要让他懂得自己该做什么事,要能自觉去做,因此,就故意对他说:"妈妈要做事,不能给你签字,只要你写好作业,完成你的事就行了,妈妈相信你。"以后,他都没叫我在作业本上签字,而且自己的学习任务也完成得很好。我觉得小孩子是不难教的,你希望他做什么事,只要给他讲清要求,说清道理,教他如何做,什么时候做,他是完全可以做得很好的。读小学时,我对他说你能做到的事就应该做了,这样可说明你能干、有能力,我要求他做一些力所能及的事情,主要是放学回到家就拖地板、吃完饭就收拾碗筷，在拖地板方面他做得非常好，每天下午放学回到家放下书包就把地板拖得干干净净的，然后写作业，看动画片或者"周末喜相逢"，那时，看到他的这种表现，我真的是既高兴又感动。

为孩子提供有益的学习材料。每个孩子都是很聪明的，他每天甚至每时每刻都在吸收周围环境的信息，他就像一块大海绵，可以吸收很多很多的水一样，因此，你给他提供什么信息，给他学习什么内容，他就容易得到什么。我们家里书多报纸也多，儿子从小爱书更甚于爱其他小朋友喜欢的一般玩具。开始，我只是买了一点看图识字的书给他，他识了一些字以后，迷上了家里的一本老书《中国地图》，很喜欢翻看，结果书都给他翻烂了，他也从中学到了一些简单的地理知识，而收获最多的是他自己从中认识了很多字，这是我没想到的，由于这本书的字太小，担心他把眼睛看坏了，我们就把书藏起来，不给他看了，这是他读小学以前的事了。读小学以后，我们买了《生命与科学》、一套《少年儿童百科全书》等书籍给他，他也是很喜欢看。我们发现学校的课本内容是不够他学的，为了加强和提高他的学习兴趣及学习能力，我们想应该给他难和深一点的，就不像一般的家长那样去补充与课本内容相应的练习和学习资料，而买了比课本内容深的《华罗庚金杯赛解题方法》以及其他的奥数书籍给他，他也津津有味地自己看自己学了，知识丰富和提高了很多，最主要的是他的学习兴趣和自主学习的能力都提高和增强了，这为他以后读中学打下了良好的基础。到了中学以后，我们发现他已能很好地有计划地安排自己的学习，能自觉地学习，自主地学习，同时，我们也是买了比课本内容深的学习资料和比课本高一级的书给他，如读初中时买了竞赛题解和作文评改书籍等，读高中时买了《新概念物理》、美国中学《化学》教科书等，他自己还借了有关计算机信息学之类的书和大学的数学书来看。我们认为对孩子一是先提供学好基础知识的书，打好基本功；二是根据他的情况提供能提升能力拓展思维的书籍，这些书宜精不宜多，1～2套为主。结果这些书也确实对他起了很大的帮助了。

做好思想引导。没犯错误的孩子人们会认为他很乖，是好孩子，但孩子犯错误也是很正常的，当孩子犯错误时有问题时，我们家长要认真了解和做好引导。平时，我的孩子有什么问题，我都是了解分析以后，再给他讲道理和引导的。我的孩子七八岁的时候，有一次我发现他偷拿了我的钱去用了，就耐心地给他讲道理，批评了他的错误，让他认识到"偷拿东西"是不对的，还把前几次拿了并藏起来的钱都交了出来，以后再也没有犯过这些错误。他读到四年级时，有好几天我发现他闷闷不乐的，猜想他肯定是遇到不顺心的事了，但我不急于问他，想再观察他有什么表现，没过几天，他就对我说："妈，有一天我去学校迟到了，刚进教室全班同学就一起喊：记，记，记，……"。哦，原来是这样，他这个班长迟到被记名了，我心想，不是什么大问题，但为了解除他的这种郁闷心情和让他有一个正确的认识，我就给他讲：几十个人组成的一个班级要想管理得好，就应该有班级要求，班里每一个同学都应该遵守这些要求，你作为班长，首先就要带头遵守，如果违反了，班规要求记的就应该记，以后不再犯就行了，这也是给同学们做一个榜样，有错就改，当然我相信你，你这次不是故意的。听了我一番话，他脸上的表情舒展开来了。

善于"治未病"和打预防针。一个人有病才治，身体已经受到很大伤害了，现在有很多医学专家提出了要"治未病"。同样的，在教育孩子方面，如果等到孩子出现什么不对的问题了，我们才想方设法地去解决，就有点困难了有点晚了，一来他会觉得家长责怪他，易出现不良心态，二来他已受到问题毒害，身心受到伤害。因此，我在孩子的每一个成长阶段都关注他的情况，了解可能会有什么问题发生，"打好预防针"、"治未病"，尽量在问题出现之前把问题消灭在萌芽之中。玩电脑是每一个孩子的最大兴趣，特别是玩电脑游戏，我的孩子也不例外。进入初中，他开始学电脑编程，学校的电脑室他是可以随时进出的，他也常常一个人待在电脑室里学习，他又是住宿生，离家远，很少回家，我很担心没人管他，他就会沉溺于玩电脑游戏，但如果没发现他有这种现象是不便于讲他的，否则会让他觉得我们大人乱猜想他，或者不信任他，会让他对我们大人感到反感，"怎么办？总得有办法教育他啊！"我心里在想，也在找办法，"能否用一些事例来跟他说一说呢？这样也是对他敲一敲警钟，防病于未然"，于是我就用我知道的个别学生因为迷恋上网玩电脑耽误了学习害了自己这样的事例来与他讲；另外我又把在报纸上看到的一篇写IT行业人员的文章中IT人员说的话："我们专门与电脑打交道，游戏我们都会玩，但我们不会沉溺于玩游戏，如果沉溺于其中，那就是傻瓜了"给他讲了；还有，我很喜欢听有关教育专题的讲座，之后就把我的感想跟我的儿子说，有一次听了教育专家陈忠联教授的讲座，说到关于孩子网瘾的问题，是因为孩子玩电脑时无法控制自己，越玩越久，不会抽身离开，易上瘾。其中专家说的一句话"有控制力的人容易成功，没有控制力的人容易失败"给我的印象很深，我很欣赏这句话，就跟儿子说了，同时告诉他玩时一定要有控制力。又跟他讲到一个事例：有一个电脑老师说他认识的一个很优秀的孩子初中就学电脑编程，取得的成绩也很好，看来很有发展前途，但后来玩游戏起来无法控制自己，结果学习方面给耽误了，高中也没考上，很可惜。这样，通过各方面的间接教育，我感觉是"打预防针"、"治未病"成功了，他也没有沉溺于电脑网络和游戏当中，学习没被耽误，在学电脑编程方面进步很大，每次参加NOI比赛都取得很好的成绩。

"喜欢"是最好的老师。 从小学到中学，孩子学习的环境、教孩子的老师都在变化，而且这"环境"、"老师"对孩子的教育和影响又是非常重要的，因此，有很多的家长就给孩子选好的环境、好的老师，以为这样就万事大吉了。在这方面，我不刻意去给孩子选环境和老师，我认为顺其自然就好，关键是孩子要喜欢他的学习环境、喜欢他的老师，那他就会学得很好。人无完人，不管是优秀的老师还是一般的老师，他们都有自己的优点，教会孩子看到老师的优点，喜欢这位老师，他就会喜欢学，学习自然就容易好起来。有些孩子不能适应环境和老师，就抱怨说环境这也不好老师那也不好，家长听了也附和起来，这样孩子就更没兴趣学了，学习怎么会好呢?！我的孩子开始上学时，我发现他每天都非常高兴地积极地去学校，放学回来也是开开心心的，我就知道孩子是喜欢学校的。他的学习能力强，可以跳级的，有一次我问他是否愿意跳级，他不愿。我了解他是不舍得他的老师和他的班级才不愿跳的。进入初中，他到了离家远的柳州市八中读书，我开始还担心孩子年龄小不适应住校，就在参观了学校后对他说"你的新学校多好啊，教室宽敞漂亮，又有封雨球场，田径场又大又漂亮，……"，希望他能喜欢新的环境，但我很快发现这种担心是没必要的，我发现他很开心，很快适应了学校生活，很喜欢那里的一切，特别喜欢那里的老师，就像他在一篇作文里写的："我们喜欢上他的课，就像小学时盼望上电脑课一样盼望上他的课"，"这里的学校很漂亮，这里的老师会上课，我喜欢"。孩子能自己喜欢上老师的课，当然是最好不过了，但为了避免孩子偏科和不大喜欢某些老师的课，我就常常与老师联系，也特别喜欢去开家长会，很注意听每一个老师的讲话，观察老师的情况，搜索各个老师的优点，然后在孩子面前夸他的老师，孩子听起来也觉得：是啊，我的老师多好！这样，孩子喜欢各位老师，各门功课都学得很好，中考时他以五个 A + 及政治 A 的成绩进入柳高。高中时我同样是在他面前夸奖他的学校好、老师好，由于他继续学习电脑编程参加 NOI 比赛和理化的培优、比赛，用去了很多时间，有些科目就照顾不到位，如生物、语文，我心里着急，觉得如果生物、语文缺腿了是不好的，"怎么办呢?"开始我只能对他说语文怎么重要、生物也要学好，他也都答应得好好的，但起效不大，他还是顾不了这些科目，甚至有的课都没上，后来我见过他的生物老师和语文老师，听了这两位老师的讲话后，发现他们是很优秀的老师，就对儿子说："你的生物老师韦校长看起来斯斯文文的，但他是很会上课的一个人，他会教你们如何去学，听他的课你会学到很多东西……"，"你的语文老师是一个很优秀的人，他说话声音不大，但他说的话很有吸引力，他对语文知识的见解是很透的，对作文的分析也是很到位的，不听他的课真的很可惜"。孩子觉得我说得很对，他的老师都很好，在高考总复习时，我的孩子也很重视学这些科目，成绩也有进步了。亲者易学，"喜欢"是最好的老师，让孩子喜欢学科，喜欢老师，喜欢他所处的环境，就是他学习道路上的最好的老师。

目标，是孩子学习的方向和动力。没有目标的学习是不够积极的；没有目标的学习也就缺少了学习的兴趣，没有学习兴趣就不会努力；没有目标的学习不容易成功。有了学习目标，孩子就有了学习的方向和动力，知道该学什么做什么，学习上就能自觉地、积极地、努力地完成自己的学习任务，每达到一个目标，孩子就会有一种成就感，就能体会到学习带来的快乐，从而更激励他去学习。我的孩子读小学时，他希望自己考试时取得好成绩，希望自己期末能领得很多的奖；读初中时，他记住老师鼓励他对他说的话"你去参加比赛，如果能得金牌银牌一等奖，你就有希望读最好的高中了"。因此，努力学习，参赛拿奖成了他的一个目标；读高中时，学更多更深的知识，参加更高级的比赛，争取读最好的大学又成了他的新目标。就在这样一个个目标的指引下，他积极勤奋地学习，自主地有计划地学习着，享受着学习的快乐，体会着实现目标的美好心情。

关注孩子人格的发展。除了教育孩子会学习以外，关注孩子人格的发展也是不能忽视的，具有健全、完善的人格的人，才称得上是优秀的人。因此，在孩子的成长过程中，家长不仅是家长和第一任老师，还应在适当的时候是孩子的朋友、同学，让他有一个轻松、愉快、可以交流的生活环境，帮助孩子健康、快乐、全面地成长。

要教育孩子对人对事要有平和的心态，要看到别人的优点，尊重每一个人，要能尊老爱幼。读初一时的寒假过年后他与几个同学带着礼物去敬老院看望老人，并为老人做事，这件事后来我才知道，我感觉他懂事多了，他做得对。在学校里，他要与很多同学朝夕相处，我尽量抓住一切机会关注他的同学的长处，然后就与他讲，如某某同学非常聪明，某某同学的语感非常好英语也会学得好，某某同学对人很有礼貌等，希望他注意看到别人的优点，看到别人的能力，尊重别人。他也是这样做了，结果他与同学相处得很好。他也总是保持积极的平和的心态，面对荣誉不骄傲，面对困难能冷静沉着处理，在学校里在同学中他是一个大家都喜欢的人。在家里，我尽量不让大人的不良情绪影响他，在他面前我总是表现着平和乐观，即使遇到挫折也要表现得很平淡，在他面前不抱怨，不埋怨，结果他没有受负面情绪的影响，一直保持着阳光的一面。

在孩子的成长过程中，有很多的事让我沉思、让我感动，对孩子的教育是一个随时都要关注的问题，只要我们用心对待孩子，去爱孩子，去了解孩子，去教孩子，去帮助孩子，对他做好适时恰当的引导，那他就容易成长为一个优秀的人，成为一个有远大梦想并能努力去实现梦想的人。

> 给家长寄语：多鼓励，让我们的孩子充满自信；多赞许，让我们的孩子能爱人爱己；多认同，让我们的孩子能把握目标；多适时引导，让我们的孩子少走弯路。

家长姓名：程全性　河南省安阳钢铁集团公司运输部
　　　　　寇艳丽　河南省安阳钢铁集团公司运输部
学生姓名：程明昊
预录取院系：物理学院
毕业中学：郑州市第一中学
获奖情况：2009年第26届全国中学生物理竞赛河南省赛区一等奖
　　　　　2009年全国中学生生物竞赛河南省赛区三等奖

回望与期冀

亲爱的孩子：

　　8月30日是你的18岁生日，9月1日，你就要远离父母，奔赴你心仪的学校，进入你理想的院系深造。在此，请接受爸爸妈妈深深地祝福，愿你在名师云集的燕园里，在天下英才的陪伴中，把自己打造成一流的人才。希望在你22岁生日时，你可以骄傲地说，自己无愧于这四年美好的时光，无愧于北大的培养，无愧于父母的期望！

　　"成功的花儿，人们只惊羡她一时的明艳，然而当初她的芽儿，却浸透了奋斗的血汗。"保送北大，令多少亲朋好友羡慕不已，但是作为父母，我们深知你为之付出的艰辛。当终于在屏幕上看到"恭喜你……"时，瞬间的兴奋和激动过后，我们一起进入平静的回忆……

赏识教育

　　当时你感慨地说"其实这一路走来也挺不容易的"，是啊，机遇只青睐那些有所准备的人。你出生后我们就用"零岁方案"培养你，让你及早识字，及早阅读。我们用赏识的方式教育你，常常鼓励你向亲朋好友展示你的"才艺"，使你从小对学习产生了浓厚的兴趣，对未知世界产生强烈的求知欲。你的每一点进步我们都看在眼里，喜在心间。当你的"为什么"在父母这里找不到答案时，《百科全书》、《世界通史》等便成为你最好的老师和朋友。早期的知识积累使你成为小学时期的"小博士"，师生的赞誉更增强了你学习的乐趣。其实，小学时我们并没有要求你的分数与名次，只希望你能培养出浓厚的学习兴趣，快乐地学习。四年级以前，可以说你成绩平平，但我们并不紧张，我们相信你能行。五、六年级开始向你灌输要上本地最好中学、全国最好大学的理念。当报考安阳市重点初中的目标逐渐清晰时，你参加了奥数与口述作文的训练，并展示出过人的天赋和能力，顺利考入市重点中学——安阳市第五中学。

崭露头角

我们深知，从小学到初中的过渡是一个关键时期，一旦掉队就会使自信心受到打击从而一蹶不振，因此，假期里我们从学习生活上为你做了充分的引导，入学后你很快适应了初中的教学节奏及寄宿生活。放下略有忐忑的心，我们建议你每门功课增加一本系统的难度较高的练习册，因为老师布置的作业是为大多数同学设计的，要做到最优，就要在学有余力的情况下自我加压。我们的建议你欣然采纳并积极投入，学习成绩稳步提高。

初中阶段是孩子从生理到心理的青春萌动期，作为家长我们知道不仅应关注你的学业，还应该给予你更多心理上的关爱。每周回来，我们一家三口一起散步、打球、聊天，及时了解你的思想动态。尽管如此，在对你的认识上还是存在一些误区，比如我们一直认为你是个聪明而浮躁的孩子，需要父母老师督促才能进步。直到初三下学期我们才对你有了进一步的认识。春节放假前,学校老师建议你参加全国初中生物理、化学竞赛,而我们希望你全力以赴准备中考。懂事的你没有和我们争执,而是悄悄地买了竞赛书,利用寒假时间自学一个月,获得了物理竞赛全国二等奖,化学竞赛全国三等奖。

备考体育时更显示了你超强的毅力,按你当时的文化课成绩,就算放弃体育加试的30分,也足以走进市一中的大门,更何况因为物理竞赛二等奖,安阳市一中已预录你进入实验班。由于当时身小力薄,实心球、立定跳远都不及格,只有800米跑勉强及格,但是你没有放弃,不仅在学校坚持课余训练,周末回家,你蹦楼梯、练跳远、扔实心球,一次又一次,一遍又一遍,手腕受了伤,脚上磨起了厚厚的老茧。功夫不负有心人,你最终拿到了体育考试满分30分的好成绩,你的坚强出乎我们的意料,让爸爸妈妈既感动又心疼。然后你全力冲刺中考,并以安阳市中招前10的成绩参加了郑州市第一中学、郑州市外国语学校的外地特优生考试,均被录取。

挫折与成功

由于对物理的钟爱,你选择了郑州一中物理竞赛班。这里汇集了全省的优秀学子,拥有省内最优秀的教练队伍,并有学长们辉煌的竞赛、高考成绩激励着你,你怀着敬畏的心情,不敢有丝毫懈怠,踏踏实实地投入到学习中去。

可是竞赛班的压力还是超出我们的想象。2008年春节前后,应该说是你18年来的低谷,学业的压力,同学们的优秀,青春的烦恼,使你陷入深深的自卑与迷惘。你开始怀疑父母的教育方向是否错误,怀疑自己选择的道路是否正确,甚至怀疑人生的意义何在。看到你痛苦的表情,听着你的倾诉,爸爸妈妈的心都碎了!是我们太粗心,误以为你成熟到足以放飞了,高中以来你远离家乡,我们对你关心甚少，可毕竟你还是个孩子啊！好在我们的及时沟通，加上你的自我调节，阴霾很快过去。看到笑容重新回到你的脸上，我们如释重负。对于父母，真的没有什么比你的健康快乐更重要了，我亲爱的孩子！

你重新调整好自己的心态，投入到紧张的学习中去。课堂上你心无旁骛，球场上你挥汗如雨，课间辩论你天文、地理、时尚、政治，海阔天空。值得欣慰的是，注重效率的你，在繁重的课业压力下，却始终能保证正常的休息和适当的娱乐与运动，这对你考试时的心态和临场发挥都起到了积极的作用。

两年半的高中生活，你有成功的喜悦，也有挫折的眼泪，甚至退缩过，彷徨过。但你凭借自己的毅力和智慧，破解了一个个生活和学习中的难题，终于过五关，斩六将，迎来了北大的录取通知书。成功了，你成功了，我的孩子！我们为有你这么优秀的儿子感到骄傲和自豪！

叮咛与期冀

在喜悦的同时，我们更清醒地认识到成功的光环只属于昨天，进入北大，只是迈上一个更高的、更广阔的平台，这里是你人生的一个新起点，一切必须从零开始。由于高考的残酷性，并不是每个优秀的孩子都有机会进入北大，所以我要说，孩子，你是幸运的！希望你能珍惜，不骄傲自大，也不可妄自菲薄。我们还是那句话：你不比别人聪明，但也不比别人差，要相信自己，及早定下目标，继续发扬脚踏实地的学习作风，诚实热心的做人原则，扎扎实实、一步一个脚印地走下去！

亲爱的孩子，这半年多来，我们知道你已为你的大学生活做好了充分的思想准备，但还是忍不住要切切叮咛。大学的学习不同于以前的应试教育，更多的靠自主学习，因为你的母校郑州一中贯彻的就是自主学习,自我管理的指导思想,这点与北大思想自由、兼容并包的理念不谋而合,所以这方面我们并不担心。父母想要强调的是,在大学里,你要合理安排自己的生活、学习、锻炼、实践。首先是坚持锻炼。切记健康是第一位的,最好能选择一项自己感兴趣并适合自己的项目,坚持系统练习,在达到健身目的的同时又拥有一技之长,这在你以后的生活学习中会受益匪浅。二是志存高远。进入北大,不仅仅是一种荣誉,更是一种责任。北大是培养各个领域精英的地方,北大拒绝平庸!所以作为北大人,你要有一种胸怀天下的责任感!三是珍惜生命。你可以伸张正义,你可以见义勇为,但一定要注意保护自己,珍惜生命。父母生育你,祖国培养你,切记你的生命并不仅仅属于自己!四是要懂得感恩。感谢祖国,感谢学校,感谢师长,感谢同学,感谢朋友,感谢食堂的师傅,感谢宿舍的员工……滴水之恩当涌泉相报,常怀感恩之心,你的生活会更美好!五是学会做人。你的善良、正直、热情、热心值得我们骄傲,但还要学会宽容,学习沟通的技巧,要把北大兼容并包的思想融入你的日常行为之中。六是善待生活。人一生的主要活动大致可分为生活、工作、学习,不可顾此失彼。生活上既不要盲目攀比,也不可过于节俭,注意日常饮食的合理搭配,均衡营养。七是善于选择。北大有许多精品课程,有丰富的教学资源,有众多的社团活动,有多彩的文体生活,同时也会面临多种机遇,你需要结合自身情况,做出正确的选择。八是懂得放弃。这与选择相对应,人的时间和精力都是有限的,有所选择,就必须有所放弃,所谓鱼与熊掌不可兼得,要明确自己的目标,抵制各种诱惑,正确处理得与失的关系。

亲爱的孩子,从选择高中,到选择大学乃至专业,我们都是充分尊重你的意见。你不随波逐流,不急功近利固然可喜可贺,可是孩子,你要知道你选择的这条路并不是一条平坦的大道。没有心系天下的胸怀,没有对科学的高度热爱,没有坚忍不拔的毅力,没有持之以恒的精神,很难达到理想的境界。进入理想的院系是幸运的,可是孩子，你一定要做好吃苦的思想准备，不可知难而退，不可半途而废，要勇往直前！

亲爱的孩子，最后还要给你说，无论你有多大，无论你走到哪里，无论你飞得有多高有多远，如果你累了、倦了，我们的家永远是你停歇的港湾，父母永远是你最坚强的后盾！

亲爱的孩子，十八岁的你，是父母的骄傲，希望二十八岁的你是北大的骄傲，三十八岁的你是祖国的骄傲！

永远爱你的爸爸　妈妈
2010 年 8 月 19 日

家长寄语：行百里者半九十，成功，往往只因为你多坚持那么一点点。

家长姓名：高小丽　河北师范大学学报编辑部教育科学版副编审
孩子姓名：高梦宇
录取院系：北京大学外国语学院德语系
毕业中学：石家庄外国语学校
获奖情况：2010年河北省优秀学生
　　　　　2008年石家庄市三好学生
　　　　　2006年石家庄市优秀学生干部
　　　　　2008年全国中学生英语能力竞赛高二年级组全国二等奖
　　　　　2006年全国英语能力竞赛高中组三等奖等

岁月如歌

岁月是一首多情的歌，当你把满腔的深情投入岁月的大门后，岁月回馈给你的一定是绕梁三日而不去的迷人的歌。哪个孩子不是父母心头的一轮太阳，那是希望，是梦想，托起明日的太阳、陪伴孩子成长成了我们人生的一份责任，在这以后的岁月里弥漫着欢乐与幸福，夹杂着汗水和泪水，但始终不曾少过的是满满的深情。

家有小儿初长成

童年的梦宇聪明、顽皮，除了睡觉几乎没有安静的时候，走路还不稳当，就开始独自在大院里跟在哥哥姐姐后边跑，因为漂亮可爱，大孩子们总是带着她，有时还轮流背着她，挨了摔也不哭，有时腿上流着血也不喊疼，她的勇敢、不娇气大概就形成于这个时期，这为她以后敢于面对困难打下了最原始的基础。不过她有些好动的个性除了天生以外，大概也形成于这个时期，在很多家长进行早期教育时，小梦宇就在这样一种宽松到不管的氛围中长大了。

当这个勇敢得完全不像一个小女孩的孩子走进小学校门时，她显得与其他孩子格格不入。大多数的孩子都在家长的指导下认了不少字，能静静坐下来上课，而她坐不住，总想说话；但她的优点也格外突出，敢说敢干，组织能力强，老师为了约束她，让她当班长，以致多年后，我们还记得她上学后老师的第一次评语："身为小班干部的你，你的管理能力极强，但要是能像要求别人那样要求你自己，你该是多么出色啊。""纪律不好"总是老师对我说的第一句话，为此我想尽办法，但始终无效，无意中一本杂志让我顿悟："要给孩子长大的时间，慢慢等孩子长大并和他一起成长。"从此，我便不再与小小的她纠缠纪律问题，一门心思地管她学习。因为没有像其他孩子那样上课外班，也没有先修之类的，只是要求她把课内知识学扎实就可以了，她因此也赢得了大量读书的时间，现在看来这个读书习惯的养成远胜多上几个课外班，让她终身受益。

小荷才露尖尖角

青春的岁月诗意浪漫，青春的岁月也沉重烦闷。青春的孩子意气风发，青春的孩子也棱角分明。从小学升入初中，孩子无论从哪个方面都需要一个过渡时期，尤其是学习上，对能力的要求更高了，此时的梦宇比小学时显得倒愈发从容了，我想这和她读书多、知识面宽有很大关系。同小学一样，对她的功课我介入较多，我的这种做法其实我也曾困惑过，但事后，我觉得很多孩子后来暴露出的基础知识不扎实，与学习方法不对以及没有人正确引导有很大关系，尤其是那些聪明但好动的孩子，他们单纯、快乐，不懂得学习的重要性，如果这时候家长、老师缺位，那么当他们懂得学习的时候，他们所面对的将是薄弱的基础和学习的不知所措。

除此以外，我觉得我们必须换一个角度与青春期的孩子对话了。

记得有一年的三月，我和孩子到民心河边玩，回来后她在随笔中写道："民心河边的树光秃秃的，没有一点变化，不知道为什么就想到夏天成片的绿荫，是啊，不论是植物、动物还是人，都在一天天过着极规律的生活，习惯同样的路线，到达同样的地方，对任何事情都熟视无睹，就这样平凡地过一辈子，我不希望我的生命词典中只有平凡、匆匆，我希望我的生命更有意义，成为与众不同的。"对一个初一的孩子来说，能引发这样的联想，我感到孩子长大了，我们该用一种平等抑或是仰视的眼光看我们身边这个曾经的小不点儿了。"随风潜入夜，润物细无声"的交流形式对青春期的孩子来说也许是最恰当的。

初中三年是孩子成长过程中十分重要的一个阶段，对他们今后的发展起着决定性的作用。三年很快就过去了，那个朝气蓬勃、快乐无边，有时也"少年不识愁滋味，为赋新辞强说愁"的梦宇顺利地走过了青春逆反期，在中考中以全市前60名的成绩迈入了高中的大门。

少年壮志不言愁

如果说前十年的求学生涯中，孩子的每一步我都陪伴左右的话，那么高中阶段的梦宇则完全是一个羽翼日渐丰满、跃跃欲试的少年了，应该说高中三年是她在家读书阶段我最轻松的三年，在学习上我不再需要为她操心了，前十年的积累和铺垫，使她有了一套自己的学习方法，能不断地完善和调整自己的学习节奏。这让我很欣慰，但从心理上更加关注她的心理变化，与她的交流时间虽然比原来少了，但却更加有效，往往就事论事并引发开来，论事的方法更隐晦，有时也会觉得自己什么时候变得这么处心积虑了，为了给她讲某个道理，我会从书中找文章给她看，抑或不经意地说出某件事来与她讨论，然后把自己的观点输送给她。我以为我做得不露痕迹，事实上，事后我才从她的随笔中知道，她完全了解了妈妈的苦心，由此看来，我们的孩子不是长大了又是什么？

记得孩子刚上高一的家长寄语中，我曾这样写过："亲爱的孩子：首先爸爸妈妈应该感谢你，因为有了你，我们的生活变得绚烂多姿，你的第一个微笑，第一声童音，第一次背着小书包迈进校园，第一次取得一百分的成绩，以及成长过程中无数的第一次，都给我们带来了巨大的幸福，伴随你的成长，我们也不断成长，人生无论多大都是需要成长的，成长是一种幸福，虽然在这个过程中，我们有汗水，有泪水，但我们很快乐，让我们互相感恩，感谢上帝让我们互相拥有，愿你在新的起点上展翅高飞，飞得快乐、昂扬！"

记得孩子以优秀的文化成绩通过了北大的考试，参加紧张的面试时，当我转身要离开备考的孩子时，孩子喊了我一声："妈妈，我觉得我很幸福。"那一刻，我的眼潮湿了，心安定了，我想一个带着幸福感迈进考场大门的孩子，一定会是一个成功的孩子。有道是："少年壮志不言愁"，带着幸福和快乐拼搏的孩子、追梦的孩子，梦会更圆、更美！

岁月如歌，回首往事，一切都仿佛发生在昨天，那么清晰，那么生动，我觉得我们最大的幸福不是培养了一个北大的孩子，而是培养了一个会感知幸福、会奋斗的孩子。岁月如歌，在如歌的岁月里，我不仅祝福我的宝贝一路鲜花灿烂，更祝福天下所有的父母、孩子阳光明媚！

个人感悟：孩子是家长的终身事业

家长姓名：黄雅萍　中共党员，本科学历，大庆市龙凤区劳动保障局办公室主任
孩子姓名：顾晓琦
预录取院系：经济学院
毕业中学：黑龙江省大庆实验中学
获奖情况：2008—2009学年 校级三好学生
　　　　　2009—2010学年 校级三好学生

妈妈的心愿

女儿，

　　自你出生的那一天起，妈妈的最大心愿就是要把自己知道的一切一切对你有用的东西都通通告诉你，希望帮助你快点插上成长的翅膀，早一天顺利地起飞，妈妈这十八年来每天都在这么做，不知道你体会到了没有。

　　在你入学之前，妈妈的最大心愿就是希望你健康快乐成长，把有利于你身体生长的食物尽量做给你吃，把有利于你成长的动作都教给你做，把有利于你掌握的知识都说给你听。

　　在你读小学时，妈妈的最大心愿就是希望你每天早晨能独自安全到达学校，能愉快地完成一天的学习任务，和老师、同学和睦相处，晚上顺利地回到家中，这就是妈妈最简单的也是当时最大的心愿。因为当时妈妈为了锻炼你自主生活能力，而没有像其他家长那样接送你上学、放学，狠心地让你独自行走，尽管每天提心吊胆，不知道你当时能否理解。

　　在你读初中时，妈妈的最大心愿就是希望你能尽快适应初中学习生活，平稳渡过青春期，顺利考入省示范高中。现在回想妈妈当

时这个愿望看似挺简单,其实对大多数初中生家长来说是很奢望的,但你却让妈妈轻松地实现了这个多少个家长梦寐以求的愿望,在此,妈妈要郑重地说一声:谢谢你,宝贝!

在你以优异成绩考入省示范高中后,妈妈的最大心愿就是你能在激烈的竞争和紧张的高中学习生活中,经受住锤炼和摔打。在这三年里,妈妈每天都能看到你在坚持不懈地努力,你那勇于进取和顽强的拼搏精神,真的令妈妈很佩服,爸爸妈妈有时感觉到自己在这一点上不如你,暗自下决心,一定要向你学习。同时,作为父母也很心疼你,怕你累坏了身体,怕你经受不住考验,但你没有,你一直都在稳步前行,是你用自信、坚毅、睿智战胜了自我,圆了自己的北大梦。

在你即将步入神圣的燕园寻梦之际,妈妈想对你说——

跨入北大的校门,是你寻梦的开始,你现在就像刚刚长满羽翼,即将飞出妈妈怀抱的小鸟,还不知外面的风雨有多大,天空有多高;你就像一条山间的小溪经过12年辗转奔流,即将汇入江河湖海,还不知江河有多宽,湖海有多深。但是,妈妈希望你只要秉承你自信、坚毅、睿智的本性,就能顺利地起飞,就能勇敢地投入大江大河的怀抱,就能在北大这样神圣而富有青春活力的百年大学堂里,不断完善、发展自我,勇敢放飞、努力奔跑!妈妈相信你,你一定能寻到你心中的梦!

个人感悟:相信自己的孩子,用心灵沟通。

> 家长姓名：李宝成　系北大2010级信息管理学院新生李文琦的父亲，现在山东省高密中等专业学校图书馆工作，应孩子要求，写一些寄语，本人又有偷懒心态，就把平时的几篇博客日记摘录，以和孩子做一书面的交流。

一名普通父亲的博客日记摘录

写给女儿的一封公开信

文琦：

　　最近心情还好吧，好久爸爸没给你写点东西了，我还能回忆起初中帮你一遍又一遍地准备英语表演剧、一起准备CCTV《希望英语》比赛演讲稿，也为了给你鼓劲而顺手写给你的纸条，在搬家时，我还发现这些纸条你还保留着，所有的一切想起来是那么的欣慰，因为我们一起收获了成功带来的喜悦，这种感觉是人生最宝贵的财富。初中你是优秀的主持人，高中你又成为优秀辩手，初中生机器人大赛的获奖，希望英语比赛的出色表现，多次的三好学生，所有这些让爸爸感到为有你而骄傲。不知不觉之中，你已长大，不仅仅是身高长高了，更重要的是，你已开始拥有自己的思想，你更渴望自由民主独立的空间，孩子，自立是你的权利，同时也是父母应尽的责任。你也应该为自己的自立做必要的准备了，既有思想上的，也有心理上的，更应有行动上的。

　　你从书本上学到的和听到的东西，很多都是不正确的，甚至是误导你的，所以认识事物要用你的头脑去认真思考，不要去盲目崇拜所谓神一样的人物，要有自己的鉴别力，不要人云亦云，正确地观察世界，认识生活和认识自我是多么的重要，这也是你价值观的形成过程。你应该对自己的优势和弱点及潜能有一个正确的自我评价，客观地认识自己是你走向成熟的标志。上天赋予每一个人潜力，你需要发现它，并想方设法发掘出它来，这就是你需要做的。

人生的过程，选择比努力更重要，当选择错了方向，越努力。离你的目标会越远，所以你应当选择适合你自己的生活目标的生活道路和生活方式。人生重要的路口也就只有那么几个，所以正确地选择至关重要。你在文理分科，做出了一个选择，你为你的选择而感动高兴，因为你觉得它适合你，目前你面临着一个更大的选择，就是将来要到什么样的大学去深造，学什么样的专业，将来想从事什么职业，这是你必须要自己做出决定的，这恐怕是你真正要自立的第一步。勇敢、理智地去选择适合你自己的吧，爸爸会支持你的。

对待生活和学习，你应当有一个正确的态度，态度会决定你的行动。好的生活态度会使你更好地待人处事，你应当知道做事容易，做人难，这个社会是一个合作的社会，一个人的力量太微不足道，你将来的成功需要别人的帮助和支持，多和同学交流沟通，多参加学校的各种活动，学会与他人协作，他们会是你人生最大的财富。有一点爸爸要特别告诉你，不要为了情谊，伤害你的自尊，不允许别人伤害你的自尊，即使你最爱的人也不行。自尊、自立、自强、尊重和理解他人是你应有的生活态度。对自己认真负责的学习态度，会让你在学业上孜孜以求，主动地去寻找自己的突破点，而不是仅仅依靠老师和家长的引导，从小到大爸爸不用看你的成绩，只要看看你平时对待学习的态度，就知道你学业进步了没有。"态度"这两个字，爸爸更看中这个"度"字，做人做事都应有度，你在生活中也应该慢慢体会这个"度"字。

爸爸对你最不满意的地方，你知道是什么吗？就是你的生活习惯，你做得很不好，当然这除了你每晚坚持写日记的这一好习惯以外。有些你自己假期完全有时间有能力做的事情，你也想依靠别人；

你的睡眠和起床还需要父母催促；你的早饭吃得还那么不认真；你为了多睡一会，总是把上学的时间搞得好紧张，好像我很少见过你从容地到校；这些可不是想自立的表现，一个好的生活习惯会让你受益终生的，这也是我们的失职所在。希望你能察觉到，使自己养成一个井然有序的生活习惯，这比你的数理化更能提升你的生活质量，将来也会让你有更好的工作习惯。

不经历风雨，怎能见彩虹。只有真正的社会生活，才会让你懂得更多，只有经历挫折和磨难，才能使人成熟。希望你做好各方面的心理准备，总有一天，你要像长大的狮子一样离开父母，去残酷的现实中去寻找属于你自己的那一片领地。

此致

祝我的女儿在父亲身边能感到真正的快乐！

爱你的父亲
写于下着春雨的夜晚

生活的压力总得扛

看得出孩子的心理压力还是不轻的，孩子比前一阶段又瘦了，瘦得像树上的柳条，高考结束，可要好好休息和锻炼一下身体了。孩子也直言自己的紧张，大赛前的压力是每一个学生都要承受的，孩子在这几年的中学生涯，较多地参加学校的各项集体活动，对她缓解紧张，应当能有一定的帮助作用。我还记得，上初中时，孩子曾代表学校去打乒乓球团体赛，孩子当时不太爱打，也没太练，学校的球友还是想让她去打打第三单打或替补，比赛的时候，我去看了一会，见她没上场，只是在旁当起了计分员，呵呵，我过后问她，为什么不去打第三单打，孩子说，"我害怕比赛，还是当替补好"。呵呵，我直笑她胆小，不敢去面对竞争与挑战，在计分的时候，我曾看她脸色发白，手也有点凉，问她感冒了吗，她直摇头，事后偷偷地告诉我，她当时紧张，第一次当比赛的计分员有点紧张，怕给别人计错分，尤其是还为本方球员的比赛而紧张着，呵呵，孩子不是很勇敢，胆子比较小，这样的性格，上了国家队，恐怕连替补也打不上，只能当陪练了。其实人有些东西是天生的，要改变很难，但后天的磨炼，能改善一些，这些年的成长，孩子有很大的进步，我相信，大赛的压力，她能顶得住，大考不仅仅是智力的较量，也是体力和心理的全面较量。孩子，生活就是这样，压力不是你不想承担就不要承担的，生活中的很多东西，你扛也得扛，不扛也得扛。中学生最爱说的"挑战自我"，不是像喊个口号那么简单，它真的需要生活千锤百炼的磨难，才能成熟的明白什么叫"挑战自我"。

爱孩子，从尊重孩子做起

刚刚陪孩子到考点，孩子不愿我在那里等着，只让我考试结束后来接她就行，没办法，为了不影响她的情绪，只好到单位上网，我觉得现在的孩子，就是特好面子，不想在同学和老师面前显得自己不够自立吧。孩子曾说过，等她考上大学，想一个人去报到，谁也别去送她，在这年龄段的孩子内心，深深地渴望着独立自主的生活，虽然这只是形式上的独立，并不是真正的实质意义上的自立，但还是应时刻尊重孩子的自主选择。昨天下午一起去看完考场后，告诉我来考点的时候，不用我再跟着，感觉不对劲，只让我来接就行了，我申辩了两句，不自觉间声音有点大，孩子马上眼里就有泪花，呵呵，只好选择妥协与尊重，到家后，看来孩子思考了我的建议的正确性，告诉我还是按原计划进行，附加条件是，到了考场，不准在考场外等，呵呵，这心情，就像又重新得到了领导的重用一样。看来，对孩子的心理和心情，要保持着高度的尊重，才可能保持着沟通的渠道，我们真的不能把自己的意志强加给孩子，尊重孩子的意见，根据阅历给予她适当的建议和引导，真正的选择权还是应在孩子的手中，这对孩子是有益的，对我们做家长的，也是有益的，因为我们需要的是一个能掌控自己生命的孩子，不是一个唯命是从的宠物。

生活需要积累

昨天上午，孩子终于考完了，看来孩子也基本发挥出了自己的水平，我觉得，这就是最好的状况，考试最怕的是没有发挥自己的真实能力。很长时间以来，就和孩子探讨，如何才能在考场上准确地反映出自己的学业水平。我一直认可，一个好的考试习惯非常重要，从如何审题、答题的先后、填涂答题卡的时间、难易题的应急心理准备，甚至细微到笔具的摆放，姓名考号的填写，草稿纸的书写位置等细节，都应有一个自己习惯的程式，这需要在平时积累形成，而不是只想到在高考中才正规起来，没有平时良好的训练，真正的大赛是出不来良好的效果的，相反会觉得别扭，良好的考试习惯是保证考试程序零失误的关键。平时的每一次考试结束，不仅仅要及时总结学科的知识漏点在何处，同样应总结答题的程式是否有需要改进之处，不断积累，就不会在高考中出现考生和家长临时再为这样和那样的备考而焦虑。生活真的就是积累，积累到一定的程度，就会发生质变，我们在生活中所有的不快与磨难，都是丰富的积累，相信经过厚厚的积淀，总有一天，我们会体会到生命中醇厚的味道。

家长姓名：李丽娟
孩子姓名：杨　照
录取院系：北京大学元培学院文科实验班
毕业中学：重庆市第一中学校
获奖情况：2008.5.4 荣获 2007—2008 学年度校"优秀共青团干部"
2008.10 荣获"第六届全国中小学信息技术创新与实践活动"决赛"网络中文"高中组一等奖
2009.6 荣获"第四届全国中小学创新作文大赛"重庆分赛区二等奖
2009.9.5 荣获 2008—2009 学年度校"劳动积极分子"
2009.9.6 荣获 2008—2009 学年度校"三好学生"

顺其自然

人世间，事事如意，一帆风顺是没有的。但凡事总有自身的规律可循，多是顺其自然而已。

自然者，生存之本也。一个人，他所生存的环境，与其自然有着密切的关系。这里所说的自然有两层含义：第一，大自然和自然界的意思；第二，自然是按照事物的发展规律而自由进行的，即对待各种事物的看法和态度等。在这里，我想着重谈一下对待各种事情的处理态度和方法。

人们在现实生活中，难免要遇到各种复杂的事情，特别是在目前竞争激烈的现实中，遇到的事情将更加复杂多变。那么，在这种情况下，我们作为社会的一员，应如何来对待？我认为事事要遵循一个原则：按照事物或事情的发展规律，顺其自然。我几十年来，一直是这样做的。比如说，在待孩子的教育学习这件事上，我一直主张顺其自然，不对小孩子提出过多的要求，按照孩子自己的学习爱好和兴趣来给她提出或指出应该如何去做，而不是强迫孩子学习。让孩子懂得学习是自己的事。父母只能给孩子提供学习的条件及环境。其他的要靠孩子自己努力，否则难有所成。

对待孩子的成长，也应该顺其自然的好。如果一个孩子的成长过程由父母给他设计好，那么，孩子就只能按照父母的想法或做法去做；如果不如此，父母与孩子之间必然产生分歧，势必对孩子的成长不利。另一方面，还会使孩子缺乏主动性，依赖父母，不能养成自己独立思考的习惯，作为父母，如果想要孩子将来有一天能离开，到他们自己想去的地方学习和深造，那么，我们就应该为他们的远行求学而高兴，并为能给他们提供良好的学习环境而自豪。想到他们在为社会而学习，为将来给社会多作贡献，我们当父母的也就放心了。

孩子的学习成长是同时进行的，如果父母能正确对待孩子的学习和生活，孩子就能顺其自然地向他们自己的理想去奋斗。在这里，我想以自己的亲身体会来提醒所有的父母，如果要希望自己的孩子将来有所作为，那么就应该放手让孩子从小养成爱学习的好习惯。习惯养好了，孩子就会自觉学习，父母不要总是守着他们，他们自然会对学习产生兴趣。我认为，兴趣是孩子学习的老师，有了兴趣，父母不用强迫孩子学习，他们会主动去做。只有这样，孩子才不会厌烦学习，才会把学习搞好。这样一来，父母和孩子都省事。当然，并不是每一个孩子都对学习感兴趣，有的孩子培养良好的学习兴趣和习惯是有相当困难的。对这样的孩子，父母要有耐心，主动关心他们的学习和生活，让他们努力克服困难。而对那些学习习惯较好的孩子，父母也要经常关心他们的思想及学习中存在的困难，及时帮助解决。这对父母和孩子都有好处。生活过程也是一个长期的阶段，需要父母来帮助他们一起走过。因为孩子从小到大与父母在一起生活的时间最长，在相处过程中，父母比他人更了解孩子想的什么,现在及将来要做什么。这样一来,父母就好针对自己孩子的情况与自己孩子一道制订好的学习计划,按照计划一步一步地实现孩子自己的梦想,走向孩子要去的彼岸,实现自己的目标。

父母对待自己孩子的学习生活和成长过程,要像对待大自然中的阳光一样,不违背自然。让孩子在父母的关爱下茁壮成长,这才是父母该做的。如果父母不按照孩子的成长需要而去为孩子设计一些他们无法接受的东西,这对孩子的成长不利,只会让孩子感到反感。为此,作为父母,既要关心孩子的学习,还要关心他们的生活和心理状况。只有这样,才能保证孩子健康成长。孩子身体和心理都健康才算健康。

首先,心理健康的孩子感到快乐,快乐的孩子学习压力就比其他孩子小,而学习压力大,想学好也无法,往往事倍功半。孩子和父母要同时保持良好的心态,顺其自然。时时处处保持好心情,控制自己的情绪,不可强求。其次,身体健康,学习精力充沛,学习效率就高,学习效率高,学习就有兴趣;有兴趣学习起来就会轻松愉快,这样学习就不存在困难,学习成绩自然就会搞得好;再次,要学会与人相处,学会自我调理好情绪,给自己一份轻松,一份自信,让自己有一种良好的心态来对待学习,懂得喜欢自己。

以上是我的一点看法,如有不妥之处,请批评指正。

我做事的态度是:让心情充满阳光,凡事多顺其自然。

> 个人感悟:让孩子在自然舒畅的环境中发展,方可助其到达成功的彼岸。

家长姓名：刘可敬　天津市　中法合营王朝葡萄酿酒有限公司
学生姓名：刘笑语　北大经济学院天津耀华中学毕业

你的考　我的跑
——女儿成人礼物注释

一

2010年的夏季，无论是气象上还是个人生活上，对我们来说都是难以忘怀的。在这个季节里，连续40度的高温没有使我们的身体中暑，但是你优异的高考成绩却一再让我的血液升温。北京大学的录取通知书如愿以偿地到来，实现了我们家庭数代人梦寐以求的夙愿。同时，你的18岁生日也在你即将走入燕园的时刻到来。在这样一个隆重而庄严的时刻，我一直在想给你送上一份怎样的礼物。

这个思考实际上在两年前甚至更早就已经开始了。

事实上，无论怎样昂贵的礼物，都是可以定价的。而你的青春，你的奋斗，你的成功，却是无价的。纪念这样一个无价的时刻，奖励这样一个无价的胜利，怎样的礼物都是逊色的。正如麦克阿瑟所言：没有什么可以替代胜利。

无论怎样的礼物，又都是具象的。可是任何具象的礼物都无法表达我们对你的赞赏、感激和信任。你十几年来一直秉持的勤奋、踏实、刻苦、科学、昂扬的精神和习惯，不仅让我们亲眼目睹了你走进北大的艰辛历程，更让我们体验到了信念的力量和由此带来的自豪与幸福。而这些，又都是具象的礼物所不能承载的。

给你做一顿早点很简单，给你安排一次出国旅行也很容易，但是给你选择这件礼物却很艰难。因为这个礼物必须能够诠释"天道酬勤"的普遍意义，这个礼物必须附带着父亲对女儿的心情和心意，这个礼物必须荷载着父亲对女儿的关注关心和行动。这个礼物必须是一个纪念，纪念你12年来，15年来，18年来一丝不苟，兢兢业业，持勤奋以恒，持认真以恒，持科学以恒的生活态度、学习方法和良好习惯。这个礼物必须是一个昭示，昭示着信心对于成功的意义，昭示着行动对于目标的意义，昭示着历史对于未来的意义。

你一直反对形式主义，反对张扬，反对夸夸其谈，无疑也会反对我去准备这样一个礼物。你常说：正常人都会这样。那么今天，我也必须以一个父亲的身份为你准备一件礼物。

二

这是一个没有打开的邮包。寄自2010郑开国际马拉松组委会。时间是2010年4月8日。

里面应该是一条浴巾，可能还有一个完成全程马拉松的证书。

我附带一封给你的信：

这是一份廉价而珍贵的礼物。廉价是指它的物理价值不足现在的人民币10元，昂贵是指它承载着生命、亲情和诺言的意义。

今天是一个十分普通的日子。但是因为有这个邮包的到来使这个时刻变得异常珍贵。我决定不去打开这份惊喜，而留给你作为纪念。

因为你，因为你和我们的高考，我结缘于马拉松于一段如火如荼的时光。就像你的出生和成长带给我无穷的乐趣和幸福，马拉松也给了我同样的感受。因为我所跑过的每一步，都踏着你进步的节奏。这是我人生最有意义的时段。

在我决定为你奔跑的时刻，我就曾想把我的跑鞋作为终身的礼物送给你。现在，在你的人生取得重要的决定性的阶段成果时，我把我跑马的阶段性成果送给你，希望你在兴奋的时候看到它会冷静，在困惑和低落的时候看到它会振奋。实际上，人生就像一场马拉松。

我曾经历过马拉松式的高考，或者称为高考的马拉松。为此我沮丧过，但是后来这种沮丧变成了自豪。因为六次高考使我体验了高考和马拉松的双重惊喜。人生没有马拉松，就像人生不曾经历过高考。

如今，马拉松对于我，已经超出了参与高考的既定意义。我在奔跑中品味和享受着健康的人生。我希望通过这份礼物与你分享下面的体验：

为了珍惜生命，我将继续在奔跑中澎湃生命活力；

为了热爱生活，我将继续在奔跑中享受自然，放松灵魂；

为了砥砺意志，我将在继续奔跑中践行坚持不懈、坚韧不拔、坚持到底的马拉松精神。

2010 年 4 月 9 号

你高考冲刺的巅峰时刻

我完成首次全马的康复阶段

这就是我给你的礼物。

三

那是两年前，当你在书桌前贴上了 2003—2008 北大录取分数线时，我感到大战的序幕正在拉开。

作为家长，虽然你从来不向我们提出任何要求，但我们一定要参加到这场战斗中来。怎样参与，却一直是我心中千千之结。你的学习非常自觉，用不着任何人的督促和要求。正如你的班主任所说："她有一个良好的学习习惯，不管考试不考试，不管检查不检查，她都会认真准备。非常自觉。"你也曾经调侃：一天不做作业，晚上会做噩梦。当学习如此成为一种主动和自觉的行为，它就不再是负担，而是一种快乐。你的学习非常科学，注重方法，从不偏科，也无遗漏，用不着家长配合老师去纠正和补全。你的学习也很自主，从来不让课本以外的资料占有你的时间。你喜欢看电视，但是不被电视所左右；你喜欢听相声，但是不被相声所迷惑；你喜欢读书，但是从来不让书籍所误导。可以说，就学习本身来说，我们根本没有必要也没有机会参与进去。如果我们想在学习上帮你忙，结果只能是帮闲。与其这样，我们不如退而结网，免得添乱。

你对生活的要求也是出奇的简洁。你希求的是一种"平淡的幸福"。我只记得你提过一个要求：有一次学习用的台灯坏了，你问可否换一个护眼灯，当天晚上就换上。我高兴地做到了。平时的事情，你一直牢记从幼儿园学到的一句话：自己的事情自己做。你从来没有要求大人给你准备什么。晚上即使学习到凌晨，也必须把书包、文具、校服一一准备妥帖，以便第二天早晨吃完饭就走。家长都在郊区工作，一个6：40离家，一个7：00离家，而你6：50赶公交，准确得好像格林尼治。你的公交卡、钥匙、学生卡、手表，从来都有固定的地方，以便你早上出发时随手就可以拿到。生活如此得心应手，我们所能做的，恐怕也只有像家长会上所要求的那样：别打乱你的秩序，别打扰你的安排。

已经记不清楚你是从何时开始独立的了。你在耀华中学学习了六年，期间几次大的选择都是由你自己决定的。初一时因为工作人员的疏忽，错把选择理科班的你分到了另外的班。第一节课下课之后你找到了班主任，要求调换。班主任没有这个权力，最后又找到了级主任。你说原则问题必须坚持，你必须要上最好的班。最后学校满足了你的要求。初中毕业，你的成绩本可以去更加出名的一所高中，最后你自己选择了留在耀华。当时耀华答应你可以进入实验班，这可是天津市一直以来作为教改成果的金牌班级，九十名中的一半学生在高三第一学期都已经被保送进入名牌大学。进入耀华实验班就等于一只脚迈进了重点大学。可是你放弃了这个机会。你的理由是，耀华实验班很好，但它不适合你。你非常清楚你适合做什么，什么适合你。到文理分科时，我们共同经历了一个比较痛苦的选择，以至于当你选择文科时，当时的班主任打电话告诉我：你们可能犯了一个错误，这么好的学生选择文科是一种浪费。我为此忧心忡忡，我从来不惧怕错误，但是我特别惧怕在你的问题上犯哪怕一丝一毫的错误。去年底，自主招生工作硝烟四起。另外一所蜚声中外的高校与我们进行了交流。家长从你的升学安全性上考虑，劝说你接受这所学校，因为它的名气和实力是我们绝对满足的。我认为我没有任何理由拒绝它的引力和诱惑。但是你选择了北大，义无反顾，毅然决然。当我提醒你只选北大的风险时，你告诉我："因为是考试，所以选择北大；如果是靠父母开后门，我就听你们的。"

  你的学习态度、方法和成绩，你的性格，你的生活状态，你与老师和同学的友情，都让我无从参与。但是我不能袖手旁观你的高考。我无法面对和消化每次家长会上的表扬和称赞：进入高中特别是进入高三以来，绝大多数的考试你都排序第一。文理分科之后，每次考试按照上次考试的成绩排序排座号，结果是你一直坐在了第一号。这样近乎单调的结果，每次都给我极大的震撼，你的每一次成功都会让我感慨万千。因此我必须探索一条道路，让我与你同行；必须寻找一种方式，表达我对你每一次成功的感激感动和感慨。

  2008年7月1号，在你贴出北大招生分数线不久，我也拟订了一个"与你同行"的计划，其中的核心内容是"跑进北大"。

  我决定为你而奔跑。

  马拉松因此而成为我的所爱，成为我精神的救赎，成为我前方的目标。

四

  这是一个冲动的选择。

你常说冲动是魔鬼。当我每次拖着沉重的步伐走下跑道的时候，当我开始用脚步了解什么是马拉松的时候，当我夏天遇到高温、冬天遇到寒风、大腿抽筋大脑失灵的时候，当我后悔夸下这个海口的时候，我感到我真的遇到了魔鬼。

其实，马拉松训练所遇到的困难很多时候比魔鬼还可怕。

但是这是一条别无选择的选择。这是我对你的承诺，是爹对女儿的诺言。

就这样，四季在变，跑动的脚步没有变；气温在变，跑步的决心没有变；风向在变，冲击的目标没有变；地点在变，跑步的姿势没有变。因为有你，我的跑动从来不乏动力；因为有你，奔跑的欲望从来没有熄灭。

2009年2月，在法国的阿尔萨斯小镇，时差让我凌晨两点起来跑步。初春的小雪铺满道路，使跑动的脚步产生一种美妙的声响。12公里结束时，来到酒店门口，结果打不开酒店的外门。穿着运动的薄衣薄裤，徘徊在异国他乡的空巷，只有重新跑起来，才能抵御料峭的春寒。5月，美国加州小镇的街道在夜空中显得异常清新。为了完成训练计划，又是在凌晨起跑，结果迷失方向，至黎明到来，找到警察，方才回到了酒店。跑步所带给我的每一次经历，都让我更加热爱跑步。2009年元旦，为了检验训练成果，我第一次参加了海口半程马拉松。成功的喜悦极大地鼓舞了我，我甚至在赛道上已经开始构思如何告诉你我可以成功，成功如何可以通过努力得到。这有点像参加了一次成功的一模。4月，参加了扬州半程马拉松。成绩没有进步，反而倒退了一分钟。你听到这个消息的时候没有说话。10月，报名参加了北京马拉松的全程项目。结果半途而废，坚持跑过北大清华之后，腿部受伤，退赛于30公里处。但是这次失败，给了我直接的经验和教训，使我知道了怎样去避免同样的失败。

跑马是一件和高考一样的工程，来不得半点的马虎和侥幸。比赛只是训练的再现。我一直把你学习的精神和态度作为我训练跑马的楷模，也试图将马拉松精神传导给你。你似乎对于奋斗、对于训练、对于比赛、对于拼搏有一种天然的敏感和热爱。于是 Forrest Gump（阿甘正传）很快成为我们共同的话题。我们也一同观看过白雪在柏林田径世锦赛上的出色表现。那天，从头到尾，我们各自沉浸在莫名的激动和兴奋之中。解说员精彩的点评好像不是在说马拉松，而是在讲解高考；赛道上跑得好像不是白雪，而是你。冲刺阶段，惊心动魄的场景让解说员情不自禁地发问：这是怎样强大的内心动力使白雪产生了如此强大的爆发力？

这个问题给了我们无限的启迪：强大的内心动力。奋斗需要强大的内心动力，竞赛需要强大的内心动力，成功需要强大的内心动力。这个强大的内心动力对于你来说，是北大。对于我来说，是你。

我们也一同观看过温哥华冬奥会上"三金王"王濛的场上风采，对于她非金不要的霸气颇为叹服。这些传奇般人物的传奇经历，在不同程度地鼓舞着我们。

我必须要在你参加高考之前完成一次全程马拉松。我应该让你看到汗水、耕耘必须与收获同步。

于是 2010 年 3 月 28 日的郑开国际马拉松就成为我完成这一计划的平台。

那天的中原大地，阳光灿烂。但是对于马拉松比赛来说，四到五级的风显得格外危险。我穿着你在北大参加自主招生考试面试时在 nike 定做的上衣，那上面印有 Run to PKU 的口号。按照事先设计的速度和计划，开始了 42.195 公里的奔跑。我的目标不是冠军，而是在关门之前完成。起跑、巡航阶段还算顺利，但是最后的十公里跑的异常艰难。饥饿，干渴，腿伤，交替折磨着我，每跑一步都显得十分艰难。这样的时刻，我是想着你的坚持而坚持下来的。我想起了你右手中指因为握笔而磨出的疙瘩，想起了你书桌上用牙膏盒制作的文具盒里盛满的用干的笔芯，想起了比你 176cm 的身高还高的做过的卷子，想起了我身上穿着的誓言，这些构成了我"强大的内心动力"。最后两公里，已经看到了终点的大门，可是却真实体验到了无氧的艰辛。为了实现心中的梦想，我告诉自己：就是爬也要爬到终点，绝对不能下道。

功夫不负苦心人。关门前的两分钟，我跑完了全程。一种被埋葬的感觉，一种重新出土的感觉，一种凤凰涅槃的感觉。

按时跑完全程的运动员都会有一个证书和一条毛巾。因为我当时急于返程，请求了邮寄。这就是那个邮包的来历。这就是我给你的礼物。

五

理想的实现是对理想者最大的报偿。你是不需要我的礼物的。因为北大通知书就是你最大的礼物。

但是你需要记忆，需要记忆的刷新。你也需要成功和成功的刷新。你告诉过我一个公式：成功等于成功的 N 次方。

我送给你的不是一条浴巾，也不是一个证书。我这里送给你的只是一段记忆，只是一段成功，只是人生历史的一节链条。

如今，这一切都已经被抛在了过去的跑道上，都已成为历史。你不再需要高考，但是需要有比高考还要辉煌的成绩。在新的起跑线即将呈现在你的面前时，我希望你轻松起步，快乐出发。

处在什么位置不重要，重要的是坚持到底，永不止步。

感悟和寄语：成功等于成功的 N 次方。

家长姓名：李白华　中国科学院南京地理与湖泊研究所
学生姓名：李　彦
录取院系：经济学院
毕业中学：江苏省南京师范附属中学

成长故事

得知女儿被北大录取，我们真是为她高兴，欣喜之余，她的成长历程如电影一般在脑海中一遍遍闪过。这些经历是值得记录的，它将永存我们的记忆中。

我们是在工作压力较大、家庭经济最困难时有了她，生活所迫，我们不得不把她送到农村爷爷家，由爷爷奶奶照看，直到上幼儿园才回到我们身边。在幼儿园里她初来乍到，又不善于表达，所以幼儿园三年里她并没有像其他孩子那样开心。她时常回来对我说："妈妈，没有小朋友跟我玩，今天某某某又说我笨，……"。每当听到她奶声奶气地讲这些话，我们都心如刀绞。也就是从那时起我养成了为她写日记的习惯。记得在幼儿园毕业前，幼儿园搞活动要求家长也参加，那天带她三年的老师对我说："李彦动作太慢，上小学可能会跟不上……。"

上小学后不久，有一天我去找她的班主任语文老师，没想到班主任把我带到数学老师办公室，两位老师一起对我说："孩子好动，上课不能集中注意力，学习较差，现在已经跟不上了"。到二年级时仍然很好动，被老师从第一排座位调到最后一排。当时女儿回来跟我说："我上课站起来都看不见黑板上的字"。三年级时见很多家长都把孩子送去上奥数，我们也把她送去。当时真是唯恐孩子再被拉下什么。没想到她在奥数班里却独占鳌头，一学期下来，她就被选进了奥数强化班，她开始喜欢数学，更有了自信，在小学里一年比一年好。

小升初因不用考试而是就近入学，要上好中学在某种程度上是看父母的社会关系，因我们不能给她上理想的中学，她又不愿意就近入学上较差的中学，因她成绩优异，当时南京师大附中分校给她每学期4000元的奖学金，因此她要选择去该校。此校离家较远需要住校，我们是犹豫不决。我们把住校的利与弊详细地写在纸上，让她考虑，由她自己决定，最后她还是选择了该校。住校后，她同样是很不适应，每次见到我们，总是抱怨很多，班上乱，寝室里又闹，矛盾了……一学期下来就渐渐适应了。因和同学朝夕相处，她学会了为人处世的方法，在学校里，她和老师、同学相处得非常融洽，学习也开始稳步上升，初三时她在年级里已名列前茅，中考前她以年级第一的成绩被保送到南京师大附中本部，同时中考她也考进了南京外国语学校。面对这两所全市最好的高中，选择哪一所学校使我们当时非常为难，我们根据她的特点，综合利弊关系，建议最好选择南京师大附中。因为她考南京外国语学校时付出了较多的努力，考取后很兴奋，当时她并不是很乐意去"附中"，到了"附中"她又未能进入省招办，所以高一在普通班里情绪一直较低沉，言语也变少，人也消沉了许多。因憋着一股气，学习上一直抓得很紧。高二分班时，她以特别优异的成绩进了省招班。省招班同学高手如云且大部分同学都在搞各种竞赛，她不知底细，所以她学习仍很勤奋。也因她不搞竞赛，各科发展都很均衡，每次考试成绩排名仍较前，到高二下学期她学习开始放松。2009年4月小高考结束后，她是彻底松懈了，老师布置的很多作业都不能很好完成。为此我们多次跟她交谈，同时也请班主任老师协助做工作。她得知我们去找老师就很反感，再加上青春期叛逆，家庭气氛特别紧张。11月她摇摇晃晃被学校推荐参加北大自主招生考试，因当时排名靠后，我们建议她放弃北大，选一所稳妥的学校，她自己反复思考几天后仍然选择了北大自主招生。因复旦自主招生在北大之后且不需要学校推荐,她的很多同学都报了复旦自主招生作为"备胎"。记得11月20日她班上有位住校同学来我家进行网上报复旦的自主招生,我也顺便说了句:"李彦你也报一下吧!"。没想到她先流泪再开口道:"妈妈,到这时了,你还在犹豫,如报两所学校,最后只能和一所学校签订自主招生协议,我们又要面临象高中选哪一所学校的艰难选择,我就想上北大,只报北大,我也就没有后路了"。当时女儿就是以这样的决心寄希望于北大。我们为她加油鼓劲之时,心中也为她暗暗捏一把汗。1月16日北大自主招生考试,因语数外卷子同时发下来,她在时间分配上未能安排好,再加上未参加过竞赛训练,最后成绩不是很理想,仅是勉强通过了北大笔试。2月3日北大面试后她仅获得5分的加分。当时有同学家长对我们说:"真为你们着急,为何仅报一所自主招生的学校呢?"。也有老师对我们说:"这5分作用不是很大"。当时我们的处境真是囧。女儿也开始有了较大的压力。紧接着模考开始,她一次次成绩都不很理想,眼泪也时常伴随着她。她信心开始动摇,我常常没说几句话,她就动怒,家里的气氛很不好。这时唯有她爸爸信心十足,像个家庭舵手,稳住局面。每次没考好,他都说是好事,从中可以找到不足,有上升空间。他安慰女儿,很多同学比你考得好,是因为复习启动早,可他们上升空间已很少,只能维持现状。而你情况不同,你学得每个部分都很扎实,只不过你高考复习启动太迟,还没有把所学的知识组合好,通过认真训练,把所学知识按照高考的模式组装起来,你的成绩就会急速上升,你正处在上升期……3月底模考后,她开始真正的发奋,因基础扎实,仅用了一个多月的时间,几乎把书店里2010年的江苏模考数学试卷全部做完,到5月份时她对数学考试已有足够的信心。天道酬勤,只要耕耘,就有收获。高考中数学成绩给了她最好的回报。

女儿上北大,这在我们的预料之外,又是我们预料之中的事。女儿不久将要离家独立生活学习,我知道女儿一直很烦妈妈的唠叨,因为觉得很多余,但是妈妈今天仍要唠叨几句,这是妈妈的责任和期望所在。

首先,在外生活要规律。按时吃饭,保证睡眠,吃饭要荤素搭配,营养均衡,自己盘子里的食物要吃完,不要浪费。每天多喝水,多吃水果和蔬菜。每天要保证有一定时间的户外运动。身体健康是做好一切的前提和基础。

第二,北大将是你新的起点。希望你能尽早确定目标,以便有序规范大学生活。无论你作出什么样的选择,爸爸妈妈只会提一些建议,最后决定权都是你自己,且你一旦决定了,爸妈就会支持你,也望你为此而尽最大努力实施。

第三,学会管理,管理好学习和生活琐事。北大是人才集聚的地方,你要有一颗平常心,按照自己的时间表扎扎实实做好自己该做的事。不仅学习要有计划,更重要的是要严格按计划执行。除了要学好自己的专业知识,更要拓展知识面。希望你充分利用北大图书馆的图书资源优势,尽情地在知识宝库中遨游。

管理好自己的生活琐事。学会管理好自己的物品,顺手乱放会给自己和他人增添很多麻烦;与人相处是有很多技巧的,但首先要以诚相待。

最后希望女儿健康快乐,平安充实地度过北大的学习生活。

寄语:享受奋斗的过程,坦然接受奋斗的结果。

家长姓名：刘　修　1986年师范毕业　从教24年，中学高级教师
　　　　　张文华　1985年师范毕业　从教25年，中学高级教师
学生姓名：刘　婷　考古文博学院　毕业于陕西西安铁一中国际合作学校，三好学生，并多次获学业成绩优秀奖。

婷儿，我们想对你说

那天，当你从学校回来，淡淡地把北大的录取通知放在我们面前的时候，我们的心中顿时有了一种难以名状的感觉，有许多话想对你说。但过了许久许久，却什么也说不出来。

婷儿，你可曾记得，十八年前，在三贤故里的古塔下，在拥挤简陋的小屋里，在每一个梧桐树叶轻扣窗纱的黄昏时分，爸爸妈妈给你讲的那一个个古老悠远的故事吗？你还记得那炼石补天的女娲吗？你还记得善良可爱的白雪公主吗？你还记得那精忠报国的岳飞吗？你还记得那意气风发的少年毛泽东吗？

婷儿，你可曾记得，当你上小学的时候，多少次，我们全家漫步在乡间清幽的小道上，你和爸爸对的那一个个拙稚的对联，吟唱的那一句句似诗似歌的词句；多少次，当爸爸写字画画的时候，你充满好奇地站在一边，时时拿起毛笔，抹出一道道童真的线条；多少次，爸爸向你讲述着那奇妙的数学，讲述着那令人向往着日月星辰。

婷儿，在你童年的岁月里，我们身为教师，一直过着非常清贫的生活，我们不能给你很好的物质享受，但我们却给你营造了一个童话的王国，我们深深地懂得，家庭是孩子的第一所学校，父母是孩子的第一任教师，在我们精心营造的精神家园里，在我们潜移默化的熏陶中，你快乐地成长着。

婷儿，你可曾记得，很小的时候，妈妈对你严格得近乎苛刻的要求吗？你作业中有一个小小的写错时顺便涂的黑点，妈妈就把你的作业撕了，让你一遍遍地重写，你当时那委屈的眼神，至今还时时浮现在我们眼前。上小学时，面对学校布置的那么多的作业，我们都要求你在每天睡觉前必须写完。开始时，你哭过闹过，但慢慢地就圆满地完成了任务，逐渐养成了一个良好的习惯。我至今还清楚地记得，上初中时，有几次，老师布置的作业特别多，你一回到家就开始做，一直到晚上12点多，仍然没有做完，我们看着心疼，就劝你不要做了，让我们给老师说一下，但你却咬牙继续写着，到晚上3点多，实在支持不住了，才上床睡觉，稍微睡了一会，5点多，你又爬起来做作业，到上学时，你终于写完了当天的作业，这才迎着朝阳，高兴地上学去了。

婷儿，你可能至今都不会忘记，妈妈经常在你耳边反复唠叨：上课要专心听讲，学习要用心思考，读书要注意方法，求学要珍惜时间。这些千百遍叮嘱的话语中，其实包含着我们多少的希望啊！

婷儿，你可能都已经忘了，但我们却牢记着：初中时，为弥补英语的不足，你常常手不释卷的情景，在回家的车上，在旅游的途中，在饭前的间隙里……你可知道，初中时，妈妈忙，晚上常把你带到学校的集体办公室里写作业，在那么喧闹的环境中，你一点都不受影响，认真地完成自己的作业，那情景，至今仍是我们办公室常谈的话题。上高中了，你远离了我们，但我们却非常地放心，因为我们知道，在我们多年严格的要求下，你已经形成了一个良好的学习习惯。我们虽然不在你身边，你一定会一如既往地搞好自己的学习，因为我们知道良好的习惯，往往会影响到一个人的一生，正是在我们多年严格的要求下，婷儿，你健康地成长着。

婷儿，你可能还记得，在咱们的家中，从小到大，不管有什么事，有什么要求，也不管是否合理，爸爸一般不会简单地拒绝你，总是经常和你商量、交流，尽量找出一个合理的解决方法。小时候，你执意要买的那些玩具，后来，你恋恋不舍的那些书籍，上学时，你结交的各种朋友，你对学校的一些看法和意见，以及后来，你对去西安还是留渭南的犹豫，你对报文还是报理的选择，还有，你坚决不参加的各种补课，一直到现在，你要安排的一些外出活动，你要买的一些比较贵重的东西，我们都没有粗暴地拒绝你，总是和你在协商中很好地解决这些事情，在咱们家中，你和爸爸是最要好的朋友，你和妈妈有许多知心的话儿要说，咱们在一个理解、和谐的氛围中朋友式地平等交流，因为我们也知道你有你的自尊，你有你的世界，你有你的思想。婷儿，就是在这样的理解中，在和谐的氛围里，你幸福地成长着。

婷儿，你肯定记得，十几年的求学生活中，我们一起走过的那些风风雨雨的日子。

初三的第二学期，你离开了我们到西安铁一中上学去了，开始了省城的求学生活，你当时刚刚13岁，陌生的环境，陌生的同学，离别的痛苦对你幼小的心灵是个严峻的考验，你不知向我们哭着倾诉了多少回，但最终还是听从了我们的安慰、鼓励，坚定了好好学习的信念。这一学期里，你一边上课，一边自学了初中英语，语文中和你们原来学校版本不一样的十几本书。在那样的艰难中，你的耳边一直伴随着爸爸妈妈鼓励的话语。

上高中后，你又经历了几个适应期。高一的新班级、新同学的适应，高二的文理分科又要适应，高三，学校组建了北大、清华冲刺班，你又得适应，还有，回家的不便，吃饭的不合胃口，老师的频繁更换等。总之，这几年里，你体验到了在我们身边根本不会遇到的各种困难、麻烦，甚至是打击，而这些时候，我们鼓励的话语总能及时出现在你的耳边。

上高三后，你们经常考练，每次考完后，你都会在电话里哭着告诉我们，你又没考好，多少次，你流露出了对自己的信心的不足，甚至，你都已经认为自己不行了，你要退学，你要回家。每当我们听到你在电话里的哭泣声，我们的心就像针扎，但这时候，我们总是及时地对你进行开导，反复地举例，不厌其烦地鼓励，甚至放下手头的工作，急匆匆地赶到西安，陪你吃顿饭，陪你谈谈心，给你鼓励，给你加油。你可能还记得，多少次，当我们不得不离开西安时对你说的那些话、发的那些短信、写的那些鼓励的留言；你可能还记得，这一年中，我们最常说的话是，婷儿，你是世上最聪明的孩子，你是我们的骄傲和希望，相信你一定能克服困难，相信你一定能成功。就这样，我们一次次度过了信心的危机，一步步走向成功。

终于，熬到了今年五月，只剩一个月就要高考了，你本身对自己要求就高，加上老师要亲自检查有关基础知识的背诵，或许是太累了，或许是压力太大了，你几次打电话都哭了，说自己烦得很，不想学了，这种情况让我们万分焦急。为了稳定你的情绪，我们每隔两周接你回家一次，吃吃家里的饭，见见原来的同学，你不回来的周末，我们就去西安看你，陪你吃饭、聊天。平常时间，我们坚持早晚给你发信息，以稳定情绪，鼓舞士气。功夫不负有心人，终于，你的情绪稳定了，我们也长出了一口气。

婷儿，就是在这不断的鼓励中，你勇敢地成长着。

就这样，在风风雨雨中，我们和你携手相伴，一路走过，终于走向了成功。

婷儿，现在，你已经走过了最沉重、最艰辛的中学时代，想想你这十几年来的风风雨雨，我们深深地感受到，家庭的熏陶、良好的学习习惯的养成、父母的理解、父母的鼓励、再加上你的聪颖和勤奋，才有了你今天的成绩。

婷儿，你应该知道，未来的人生路上，还有更多的烦恼、困难、艰辛在等待着你，我们相信，将来，在未名湖畔，一定会有你苦读的身影，愿你能继续快乐、健康、幸福、勇敢地成长，做一个对社会有用的人。

婷儿，这就是我们的心声。

寄语：从小对孩子进行熏陶，培养孩子良好的学习、生活习惯会让孩子受益匪浅，而理解和鼓励一定会成为孩子学习的强大动力。希望所有的家长在爱孩子的同时帮助孩子养成良好的学习生活习惯，让孩子快乐健康幸福勇敢地成长。

> 家长姓名：罗拴起　从军十五年，担任过排长、指导员，参加过对越反击战（八六年）八九年转业到地方从事金融工作。2005年病退在家。罗谦毕业于邢台市一中，在衡水中学复读一年，2010年高考取得了629分的好成绩（并列省文科第二名），被北京大学元培学院录取。

我的苦与乐

回想孩子走过这十几年的路，有说不出的苦与乐。当年为了孩子能上一所好小学，托关系找熟人，上了县第二职工子弟小学，当时我家离县城二十多里，每天骑自行车带着孩子往返几十里，边带孩子边上班，风雨无阻，早起晚归，儿子从小就懂事，从来没叫过苦和累，没说过冷和热，没要过吃和穿。（上小学了还穿着他姐的旧衣服），我从他上学开始就对他讲"不吃苦中苦，难得甜上甜"。从小就培养他吃苦耐劳的精神，小学毕业后参加了邢台市十九中学在我县招生考试，结果以优异的成绩升入十九中学，在初一时，他遇到了一点挫折，当时不知是想家还是学习跟不上，自己不想上了（后来了解主要是想家），每天三次往家打电话，打一次哭一次，我和他妈也哭，孩子年龄小，跟前又无亲人，怎么办？经过一夜的思考我向单位请了假，跑到邢台，孩子上课我在外面等，晚上住旅馆与孩子谈心、讲道理。连续三四天说不下来，第五天打电话让他妈又来，俩人又劝说了两天，他妈说"这么好的条件你不学习，等你回去了再转学，你将后悔一辈子，苦是暂时的，学习跟不上也是暂时的，只要你安下心来只要你用功，他们行，你也行。"在我们的耐心劝说下，孩子总算有了笑容，并答应好好学习。

我和他妈回家后怕孩子有反复，坚持每周写两封信与孩子交流，信的内容多时鼓励孩子和与他讲道理的事，在信中与他讲到"困难像弹簧，你弱他就强，你强他就弱"，并要求他做到"四心"，第一，遇到困难有信心，在学习过程中相信自己，别人能做到的，我也能做到，别人做不到的我要做到。第二，在校要安心（特别是住宿生），在远离父母的情况下要安心学习，不想家、不贪玩、不讲吃穿，学了知识是自己的，不能有上学是给父母上的思想。第三，要有恒心，学习上要持之以恒，毛主席说过"一个人做点好事并不难，难得是一辈子做好事"学习也是一样，取得一次好成绩或者某一门课程考的好不难，难得是各科都要好，所以要坚持全面发展。第四，要虚心。当你某一方面取得了好成绩要虚心，不能沾沾自喜，骄傲自大，"山外有山，人外有人"比我们强的人有的是，学不完的知识，做不完的事。经过开导和孩子交流，他的思想转变很快，并当上了班干部，学习提高也很快，中考时以优异的成绩被邢台市一中录取。

  高中是关键，三年最重要，孩子考入高中后，又是他的一个转折点，上高一时我和他讲，你现在处在一个新的起跑线上，过去的成绩只代表过去，不代表将来，你要利用初中的扎实基础，从高一点滴入手，学好每一门课，学习像盖房，基础打牢了，房子都会坚固，在教育孩子方面我批评的少，表扬的多，从没打骂过一句（包括他姐姐们）。孩子从初中到高中都是住校，我坚持学校开家长会每次都参加，不管工作多忙，路多远，每次都按时到，这对孩子有促进和鼓励作用，身教胜于言教。孩子也乐意让我参加家长会，这样便于交流。利用暑假的机会我都带孩子回老家参加劳动锻炼，使孩子懂得"流汗的钱不会跑，流汗的孩子不会倒"这个道理，自己劳动换得的钱不会跑掉，花着也放心，会劳动生活技能的孩子不会倒下去，通过劳动锻炼了他的意志，增强了体力，从思想上得到了收获，有苦有乐才叫生活，有付出就有回报。

  高二时文理科分班，孩子征求我的意见时，我没有直接表态只是说：让他自己拿主意，因为你自己喜爱什么就学什么，大人不强求。他自己选择了文科，刚开始有些不适应成绩上不去，在参加其中考试后一次家长会上我和孩子讲，不要急于求成，"急于现在，必将失去将来"。你现在要学习目标明确，在弱科上下工夫。找出问题所在，克服掉了，成绩会上去的。孩子采取了每天比别的同学早起半小时的方法，时间不长，成绩赶了上去。进入高三也没了星期天，也没有寒暑假，孩子很辛苦。期中期末考过后，我帮孩子认真分析优劣势，找问题找差距，并要求孩子当天的功课当天做完，与老师经常沟通，养成良好的学习习惯，平时考试按高考时间去做，避免月考、期中考、期末考的紧张情绪。每次考过之后，不论成绩好坏，都要把考卷上不会的题重新做一遍，用轻松的心态对待每一次考试。高三期间孩子学习的目标是争班级前三名，高考目标是中国人民大学。态度坚决，目的明确，那就要努力去实现、去落实、去奋斗。我给孩子讲：前途是光明的，道路是曲折的，要想实现你的目标就要去努力、去闯、去学习，胜利永远属于勇往直前的人。2009年高考成绩561分，距他自己的目标有一定的差距，成绩公布后，孩子几天没吃好、睡好，一直在考虑怎么办，走不走，报哪所学校成了大难题。全家人在一起商讨了一晚上，第二天决定去衡水中学复读（主要是孩子想复读），说实在的，根据家庭经济情况我和他妈都愿意让孩子上一所好点的一本算了。实践证明，选择到衡水中学复读选择对了。经过一年封闭式的教学和三年高中的扎实基础，在2010年高考中，孩子以629分的好成绩并列河北省文科第二名，被北京大学录取。当听到这个消息后，全家人都高兴，亲朋好友欢喜，战友同事都祝贺。说实话，在衡水这一年，主要靠衡水中学的老师和孩子的努力，父母就帮不上忙了，只是按时能参加学校召开的家长会，并及时和老师交流、沟通，我认为教育孩子主要是靠学校与家庭相结合，批评与鼓励想结合，课本与辅助资料相结合（我孩子很爱看课外书）。我的感悟是：棍棒之下无孝子，打骂声中无成绩。

  我们对孩子的未来期望很大。他现在只是跨入了北大的门，今后的路还很长，主要靠老师们的教导和他自己的努力，在大学父母不能常去，他已是成人了，并具备了独立生活的能力，不能把父母的呵护、体贴当做依靠，应该当成一种鼓励和鞭策，学习靠努力、认真和刻苦钻研，生活靠坚强和磨炼。胜利属于勇敢的人。经过几年的大学培养，相信孩子会成为国家有用之才。

家长姓名：王伯伦　青岛经济技术开发区交通局
　　　　　沙　丹　青岛经济技术开发区香江路第二小学
学生姓名：王　博
录取院系：城市与环境学院
毕业中学：青岛市第二中学
获奖情况：2008年全国高中生化学竞赛一等奖
　　　　　2009年青岛市优秀团员
　　　　　2010年上海世博会优秀志愿者
　　　　　2009年全国高中生生物竞赛省级二等奖
　　　　　2009年全国高中信息竞赛三等奖

我们一起走过

2010年6月，我们和儿子一起收获了成果、收获了欣喜、收获了希望。

接到北京大学录取通知书那天，儿子正在上海担负着世博会志愿者的工作。爸爸和妈妈做了两件事情：第一，把通知书扫描下来发到邮箱里，让孩子第一时间看到他十几年的理想和心愿在此刻已变成了现实；第二，在自家楼前点燃了五万响的鞭炮，让喜悦之情尽情洋溢。

儿子五岁时，被青岛开发区推荐参加青岛市的"百名好宝宝"评选。那一天，是评选的最后一个环节：演讲。青岛市政府礼堂的报告厅里人头攒动，爸爸妈妈早早坐在前排准备着为你加油，儿子终于出场了，只见你站在台中央、手执话筒、自我报幕说：我演讲的题目是"我是个勇敢的孩子"，这时坐在前几排的观众都清晰地看到了你眼里胆怯的泪花，于是，我们迅速站起来向你挥手，你看到了我们！四目相对那一瞬间，你一定是读懂了爸爸妈妈鼓励的目光，接下来的演讲就顺利了很多。当颁奖典礼上，你身披着彩带、手捧"青岛市百名好宝宝"证书时，你稚嫩的笑脸上充满了自信。是的，那是你人生当中第一张荣誉证书，至今，我们都把它珍藏着。也正是从此以后，你的主持、演讲、辩论的特长相继被老师们发现，于是，从幼儿园到高中毕业，学生的大型活动都有你主持的身影。曾记得全区庆祝六一大会上，你和三位同学主持的画面；曾记得全市双语普通话大赛你夺得初中组冠军时全家人的激动；曾记得你作为青岛二中优秀毕业生代表讲话时那依依惜别之情；更记得6月10日，在青岛二中礼堂高三毕业生典礼上，你穿西服、扎领带那帅气的样子。那一天你和三位同学一起主持了三个多小时的毕业典礼，那洪亮的声音、真挚的情感让台下的我们和你一起回顾着高中三年的时光，当听到你说：下面进行大会最后一项：全体起立，齐唱青岛二中校歌时，爸爸妈妈再次看到了你眼里的泪花，这泪花是你对培养了自己三年母校的留恋，是你对老师、同学的惜别，是你对三年成长经历的刻骨铭心。

还记得你在青岛二中的一幕幕情景……

因为我们工作的原因，孩子的初中是在青岛的郊区黄岛借读的，所以当中考过后，知道已经被二中这所山东省的名校录取并按照中考成绩调入直升班的消息后，你激动、兴奋、憧憬着的表情让人难忘。

然而开学第一天，现实却击垮了这一切，当你走进二中，才意识到这里全是青岛市的孩子，不会有一个你熟悉的同学；当你走进班级，感受着身边的欢声笑语、听着同学们互相叫着绰号时，才知道在暑假里直升的学生们一起到北京游玩了一周，他们早已熟悉。这个集体对你来说暂时是陌生的。当同学们自我介绍过后民主投票选出第一届班委的时候，你只有回忆自己初中当班长、当团支书的风光；开学第一周，当你听课正入神的时候，老师却说这个问题太简单就不用讲了,下课当你正准备向同学讨教时,却发现人家已经拿着"冲刺高考"的教辅材料,你晕了。初中名列前三的成绩仿佛已成隔世。你开始怀疑自己是否还是优秀的。两周下来,当我们见到儿子时,透过你黑瘦的脸颊触摸到了那压抑的心情。于是我们开始不厌其烦地劝说你转回郊区中学。我们担心你身体吃不消、担心你自信心受挫。也许是从小就不肯服输的性格左右了你当时的行动,你告诉我们:我不会当逃兵,我相信,风雨过后,一定会有美丽的彩虹。

爸爸妈妈一直敬佩你,一个在逆境当中挺直腰板走路的孩子。你用级部20、级部第8、级部第6这一次次优异的成绩告诉所有人你是好样的。当你被同学选举担任班长、每学期期末班级选举你都以第一名的票数当选优秀班干部、三好学生、青岛市优秀团员时,当你得意地告诉我们班主任老师对你说想让你连任班长时,我们明白:你的真诚、你的善良、你的豁达、你的能力已经被这个集体高度肯定。

还记得你为参加奥赛灯下的孜孜以求;记得北京潍坊的酷暑培训;记得大年初三和妈妈一起坐动车到北京图书大厦、王府井书店购书的特殊春节;记得你拿到化学一等奖时全家的激动;记得你为了说服我们同意你同时参加两科竞赛给我们从青岛向东北打了一个半小时的长途电话,当时说的是有理有据、不容我们置疑,当我们出差回来偶然发现你为这次沟通专门写了提纲时,我们眼里也有了泪花,你这样煞费苦心为的是让自己有更重的学习负担。我们欣慰、我们更心疼。所以,当你成功保送北大以后,爸妈感悟到:成功不能靠偶然的机遇,靠的是脚踏实地的努力,是力量的厚积薄发,是付出后的水到渠成。

北大,你魂牵梦绕的地方;北大,你心仪已久的大学。爸爸妈妈还记得当你仅一名之差失去校荐机会、当你苦读一年没有拿到一等奖这双重打击一起来到时,爸爸赶紧跑到市里请你吃饭、妈妈在黄岛给你发短信。你给妈妈回的短信只有七个字："妈，我没事。相信我！"。后来爸爸回来说，在饭桌上，你掉泪了。第二天，妈妈再次接到了你的短信，"坏了，我被传染甲流了。"我们的宝贝儿子，我们明白，这相继的打击够你受的，我们也明白，你在遭受挫折的时候想一个人挺着，你害怕我们担心。但你终究是个孩子，高烧40度的你嘴唇干裂、昏昏欲睡。

  经过几天与甲流的斗争，经过几天与心理的抗争，甲流好了，你的心情也好了许多。我们想让你在家多休息几天，你却说："我没事了，回去也不会传染别人了，再说不能再耽误时间了，万一自荐不成，我还要高考进北大呢？"

  你上学走了，妈妈在家却没闲着，她背着你在网上给你报了十所高校，直到保送生的考试临近，她拿着十张准考证找你谈话，她说不要求你全考，让你挑选几所心怡的，她的理由有两个：哪所大学都有优秀的人才，降低一些标准把握性会更大；你上一次的甲流实在是吓到了我们，不想让你再受一次高考的煎熬。然而，你的反应却如此强烈，你第一次与我们争得面红耳赤："你们怎么就能断定我考不上北大？我哪都不考，就考北大。这次不行就高考。其他的谁报谁去考！"

  儿子，你一定还记得笔试那天的情景，当你上午走进考场，我们就找了一家离考场最近的饭店，早早点了四菜一汤，叮嘱服务员中午12点必须上齐摆好，然后我们俩一起到考场接你，一路上你有说有笑，看出你心情不错。到了饭店你看到别人家在哪里慌乱地点菜，服务员忙得焦头烂额半天饭菜也上不来，你感激地看着我们，自言自语地说：看我爹娘。下午从考场出来，依旧能看出你发挥得还算不错，在开车从济南往青岛走的路上，你对我们讲了一件事。你说你坐在考场的最后一排，考试结束后是你帮老师清点卷子。上午考完三科后，学生们交上试卷，而你在整理时突然发现有一张英语答题卡没有填写姓名、考号，于是你马上报告给了监考老师，老师又马上查对同学，很快，英语答题卡有了主人。听完你的描述，妈妈高兴地说："儿子，你做得太对了。记住，不管做什么事情都是人在做天在看。你的善良和责任感一定会让老天保佑你考上北大。"没想到你却慢条斯理地说："我没想那个，我当时第一反应就是：这是谁这么紧张和粗心哪，我要是不报告给老师，发表成绩时这位同学还不得哭个好歹呀，爸妈，你知道吗，那张答题卡是60分呀，没了这张答题卡她肯定考不上了。"

还记得面试的前两天晚上我们就来到了北京，吃过晚饭你提议到北大去转一转，这一转就是将近三个小时，我们走不动了，想说不再继续走了，但看到你依然热情四射、依然流连忘返，我们又实在不忍心说什么，当天晚上是十点半走出北大校园的。第二天吃过晚饭你再次提议要到北大转转时，我们不得不告诉你昨晚爸爸的脚上竟然磨起了泡。你听完连说几句：不好意思。又补充一句：那你们就在宾馆休息吧，我自己去北大转转。于是，又是三个多小时，你才回来。这就是你，一个如此憧憬、如此热爱北大的少年。

而今，你真的就要走进北大了，做爸妈的心情真是太复杂了。有我们的儿子终于是北大学子的激动，有担心你是否能照顾好自己身体的担心，有你在众多天之骄子当中能否会淡然从容的顾虑，有许多的话要叮嘱你……总之，你要明白：父母将永远给你勉励和支持。

愿你把北大当成学习与人生的第一个境界，在未名湖畔、博雅塔前充实而又快乐地度过四年大学时光。

个人感悟：身体健康　心态阳光　认真做事　真诚待人

家长姓名：闫玉波　中国人民解放军第二炮兵某部
学生姓名：闫　冰
录取院系：化学与分子工程学院
保送类型：化学学科竞赛保送
毕业中学：辽宁省实验中学
获奖情况：第23届全国高中学生化学竞赛（省级赛区）一等奖、沈阳市优秀学生

北大离我有多远

我是一个出生在偏远农村的孩子，恢复高考后的第二年，我考上初中，正赶上一个全民崇尚科学、渴望知识的年代。从朴实的父母那里我知道了北大、清华，盼望儿女考取全国最高学府，可能是天下父母的共同心愿，也是从这时起，北大就成了我心中最为神圣的殿堂。然而对于像我这样地处偏远小县的农家孩子来说，北大又是那么遥远，要知道，历史上我们县还没有人考上过北京大学，我能梦圆北大吗？

结果是不太出乎意料的，北大自然是没能考上，但心中的北大情结却不能释怀，于是便产生了一个寄希望于下一代的念头。

1992年元旦过后不久，女儿出生了，望着胖嘟嘟可爱的女儿，心里盘算的是今后子女的培养教育问题。此时我已是一名部队军官，与我的求学经历比起来，女儿今后受教育的条件肯定要好一些，实现理想的可能性也必然会大一些。可能是我们经常提及的缘故，女儿刚牙牙学语时，每当别人问起："冰冰，长大上什么学校呀？"，"北大"，女儿"不假思索"地回答，常引得邻居们啧啧称奇，也让爷爷、奶奶、爸爸、妈妈从脸上高兴到心里。懵懂的意识还谈不上

是理想，但飞扬的理想却是翱翔蓝天不可或缺的双翼，我们在引导女儿确立志向和理想上，自觉地承担责任、体现优势、施加影响。

女儿的学前时光，是与妈妈和爷爷、奶奶一起在老家农村度过的，简朴、宽松与和睦的家庭环境对女儿的成长起到了正面的影响，以至于勤俭、刻苦、向上与传统的色彩成了女儿行为习惯和性格构成的基调，这在求学的道路上让我的女儿获益匪浅。记得人民大学有位教授曾说过，人的性格中最内核的东西是在三岁左右时形成的，一生都难以改变，不管你如何刻意掩饰，关键时候它都会或多或少表现出来。这么说来，家长对子女的培养教育，还真不能忽略幼儿阶段。就是在乡下简陋的条件下，我们也丝毫没有放松女儿的教育，一岁半开始教她识字、给她讲故事，两岁学背唐诗，三岁学习算数和英语单词，阅读少儿读物。当然这都是我们自己在教女儿，因为农村老家还没有幼儿园。我每次探家或者家属临时来队，我给女儿的礼物最多的还是书，女儿也养成了喜欢看书、买书的习惯。四岁时女儿上学前班，与村里的孩子比起来，女儿是出众的，深受老师的喜爱。

女儿六岁时和她妈妈一起随军进了城，进入一所市重点小学，学习成绩一直很好，直到三年级时有一天，女儿把语文试卷拿回家，只得了89.5分，我吃了一惊，平时"双百"居多，从未如此低过，我明白女儿是遇到困难了。通过查看卷面，问题出在作文上，作文是三年级新增加的课程，女儿还未找到写作文的正确方法，这不是一个小问题，必须重视起来。除了我们自己想法提高之外，还参加了一个课外作文补习班，从写作基础开始，如何开头，如何结尾，如何承转启合，到如何锤炼语言、提高立意，女儿的作文水平慢慢提上来了，有一篇作文收录到辽海出版社出版的《中小学生作文》一书，一篇刊登在《二炮子女教育》杂志上，以后陆续获得全国中小学生作文大赛一、二、三等奖，挡在女儿学习道路上的第一道障碍被跨过了。通过这件事，我得到两点体会：一是孩子在学习上最需要父母的时候是在遇到困难的时候，适时帮一把，及时帮助攻克难关，不把问题遗留下来，是至关重要的；二是处理好课堂学习与课外补习的关系，那就是课堂为主，课外为辅，"补"不在多而在准，要"补"当其时，"补"当其所。

初中阶段是一个关键阶段，从学习上说，它承上启下，是高中的直接基础与全面准备，如果抓住了这个阶段，高中的学习就有了一个高的起点。从成长角度看，这是学生尤其是女生生理和心理变化的显著期，能否顺利度过这个时期，关乎孩子未来发展走向。而正是在这个时期，我不在女儿的身边。在女儿升入初中的同一年，我考上在外地一所军校的研究生，电话成了与她们母女保持联系的主要方式。每天晚饭后我先与妻子联系，了解女儿的情况，晚上女儿放学回家，我们再通电话，一起解决学习和生活上的困惑与难题，有时是我和我的研究生同学们合作解答女儿的奥数题。就这样，伴随着空中信号的频频传递，我和女儿分别完成了各自的学习任务，我研究生毕业，拿到学位，女儿以优异的中考成绩考取了辽宁省最好的高中之一——辽宁省实验中学。在邻居和同事的祝贺与赞许声中，我似乎感到离北大目标更近了一步。

高中的学习更紧张了，女儿的作息时间也发生了变化，起床时间更早，放学时间更晚，写作业时间更长，睡眠时间更短。我与爱人也进一步明确了分工，女儿的饮食起居主要由她负责，女儿的学习方面主要由我负责，女儿的思想和心理疏导工作由我们共同来做。记得在女儿班级的一次誓师大会上，要求家长发言，我对女儿说："在前行的道路上你不是孤身一人，爸爸妈妈始终伴你同行，家永远是你坚强的后盾。"确实是这样，为了实现我们三代人心中的目标，我们全家人拧成了一股劲。高三的时间更紧了，女儿每天早出晚归，很难有与我们说话的机会，为了了解女儿的情况，缓解女儿的学习压力，我只能利用接送女儿上公交车的百米路上和在车站等车的这段时间，和女儿聊聊天。女儿是优秀的，在高中阶段历次大型考试中几乎都取得年级第一，并一直担任班干部，热心为大家服务，素质和能力得到了锻炼与提高。此时，在老师和别的同学家长心目中，女儿考上北大、清华已是板上钉钉的事，但我们却丝毫不敢马虎与懈怠。

2010年年初，女儿被校荐参加北大自主招生和保送生考试，笔试取得了辽宁省最高分数，收到了北大面试通知，于是我们一家三口来到了令我魂系梦牵的未名湖畔，零距离感受这座百年名校、学术圣殿。望着那古朴的文史楼，巍峨图书馆，高高的博雅塔，还有那尚在沉睡中的未名湖，我在心里大喊了一声："北大，我来啦。"

在接下来的几天里，我们一起聆听北大招办老师的政策讲解和著名教授的讲课，游览了美丽的燕园，更重要的是陪女儿顺利完成了面试。此时，我的心里已经认为女儿已是一名准北大学生了，高兴之余，我没忘记将这一喜讯告诉刚刚永远离开我们的、一直牵挂孙女的、孩子的奶奶，还有一年前离去、同样牵挂孙女的、孩子的爷爷，你们二老可以放心了，小冰冰是优秀的。高兴之余我更要对女儿说，考上北大仅仅是个起点，当化学家，当院士的的路依然漫长，还是那句话：咬住了，别松劲。借此机会，我也想对其他家长们说一句话：自己没能实现的梦由孩子去圆没什么不好，关键是得到孩子的理解。

家长寄语：心有多宽，脚下的路就会有多远。

家长姓名：张方辉　毕业学校及学历：中国政法大学本科毕业、吉林大学硕士研究生毕业，辽宁省人民检察院民事行政检查处处长

学生姓名：张立翘

录取学校：北大法学院

毕业中学：东北育才学校

儿子，你必须独立前行
——写在儿子上大学的前夕

立翘吾儿：

令人倍感煎熬的备考、高考、估分、录取等总算结束了！十年磨一剑，你考上了北大，迈出了人生重要的一步。爸爸妈妈略感欣慰，也为你骄傲！天道酬勤，你的十多年苦读，你的选择和你的执著坚持，结出了不错的果实，你有理由相信自己的能力，也有理由为自己的中学生活能划上一个较完美的句号而骄傲一把！但孩子千万别忘了，这仅仅只是一个开始，你的人生路还很长、很长，等待你的会有鲜花、彩虹，但更多的可能是荆棘和风雨！漫漫人生路，有谁的命运能一路阳光呢？

爸爸是一个忧天派，常常会悲观的想法占上风，"幸福无极限"、"增长有极限"！所以，爸爸想说的是，苍天绝不会总是眷顾一个人，人的一生当中有高潮、有低谷，起起伏伏，悲欢离合是常态，不要把人生想得太轻松，太容易了！生活中充满阳光固然可喜，生活中遭遇坎坷和挫折也不必灰心丧气、惊慌失措、一蹶不振。一个人只有经历过坎坷和挫折的磨炼，他的心智才能真正地成熟。

在你即将告别父母，到千里之外的北京求学之际，爸爸本应多

多地鼓励你，可我觉得告诉你人生命运多舛，难得完美更重要，更实际一些。你步入大学新的生活，肯定会遇到这样那样的烦恼和困难，特别是刚入学的一段适应期，全新的环境，会在你的心里深处造成许多的不适和冲突，你一定要有心理准备，尽快调整心态，迅速适应新的环境，缩短磨合期，料理好自己的生活，专注于学业，为你的下一个人生目标去奋斗、拼搏。

现在的大学对新生的指导较之过去更人性化了。一本《初入燕圆》的小册子几乎告诉新生所有要注意的事项，你一定要仔细阅读，认真体会，肯定会对你有所帮助。北大是一个大的平台，也是一个好的"加油站"，你想做一个什么样的北大人，全凭自己的选择。怎样度过人生最为美好的大学生活，爸爸能提供与你分享的经验很少。时代不同了，起点不一样，一代人有一代人的想法和理想，我真的不知对你说些什么才会对你有所帮助，你催我，要看我写给你的信。信既不能空洞无物、充满说教，又不能长篇大论、事无巨细，真让我犯了难！还是捡我认为最重要的说吧。

第一，心里面一定要树立一个目标。也可说是理想，这个目标（理想）既要符合现实，又一定要超越现实。所谓志存高远就是这个意思。学生百态，不同的人有不同的选择，有的选择享受大学生活，学习得过且过，专注于谈情说爱；有的选择以学业为重，痴心于学习，考研读博，出国深造，充分利用北大这个平台和资源，实现人生大的志向。不同的选择就会有不同的人生，难说谁对谁错。作为父母，我们当然希望自己的孩子能抓紧青春时光，多学一些知识，多充实自己，将来走向社会能成为一个学有专长、令人尊敬的人。但是我们的希望代替不了你的选择，你的大学生活你做主，千里之外我们无法控制和影响你的生活，我们只能建议你抓紧时间确立目标，一旦确立目标后，就不能动摇，大学生活就始终在目标的引领下去度过。你马上要过十八岁成人生日了，虽然你在我们眼里还是孩子，但你自己要有成年人的意识，要学会以一个成年人的标准去思考人生，为人处世。面对日益激烈的社会生存竞争，作为一个成年人要有清醒的认识和选择。

第二，过好生活适应关。爸爸不放心的是你的独立生活能力，虽然你也曾短暂地过了一段住校生活，但照顾好自己的能力还远远不够。独立生活方方面面，归结起来，也就是衣食住行，你对生活标准要求不高，但也绝不能太过马虎，衣着显示一个人的外在形象，不必名牌，但要干净得体，衣冠不整脏兮兮的会让人生厌，尤其会让女生生厌，所以要注意个人卫生。吃饭就更不能大意了，要按时进餐，追求吃饱的基础上定期改善生活，不必吝惜钱的花费，父母还供养得起，吃好了才有体力精力应付繁重的学习任务。住嘛，条件应该不太差，当然与你在家一个人住相比肯定还有诸多不便，要适应新的环境，搞好同寝室同学的关系，相互包容不同的生活习惯，保证睡眠，养成好的就寝习惯，以利充沛的精力去学习。行主要是注意安全。校园内要注意安全，去校外更要注意安全，要逐步熟悉乘车路线，熟悉校园环境和北京市的主要乘车（地铁）路线，出外游玩更要有自我保护意识，学会应急处理等。除了衣食住行外，独立生活还有很多琐事需要自去料理。如个人物品的保管，个人证件、钱包（各种必备的卡）、手机、笔记本电脑等贵重物品都要照管好，不能丢三落四，否则既影响个人心情又影响学习。生活关看似琐碎，但很重要，是物质基础，是生存能力，是搞好学习的前提，不能轻视，要逐渐学会有条不紊地照顾好自己的生活。爸爸期待着一个会生活的儿子在不远的将来出现在我们的面前。

第三，过好学习转型关。大学和中学的学习方式有很大的不同，没有中学各任课老师和班主任的时时关切、关注和提示，大学学习主要靠自学，老师讲完课后与同学的接触很少，主要靠自学领悟，去图书馆查资料，自己要有主动性去学，不能等老师耳提面命，学习方法需要你自己去摸索适应。

爸爸能给你的建议很少，你可以多与高年级的学长交流。总之，转变学习方法很重要，也很痛苦，你要多参悟，多实践，切不可灰心，尤其是北大的学生，智商情商很高，尖子生扎堆，相互比较优劣互现，在学习上各有高招。要取人之长，更要克己之短，不必太急，不卑不亢，多请教老师，逐渐适应大学的学习。我相信儿子会很快适应新的学习生活。爸爸预祝儿子的大学生活快乐、顺利，学业有成！

书不尽言，想到哪，来日再续。

个人寄语：走得最远的人，不一定是走得最快的人，而是能不停走路的人。

> 家长姓名：管　玲　北大技术物理系放射化学专业1962年毕业生。退休前在中国船舶重工集团公司第718研究所，从事海军舰船科研。
> 翟佳璐是我的孙女，毕业于天津市47中学，被北大信息管理系录取。

孙女成了我的校友

我是北大技术物理系放射化学专业1962年毕业生。我孙女翟佳璐今年被北大信息管理系录取，她将于2014年毕业。这相隔半个多世纪，我们成了跨世纪的校友。

世界上有多少人，就有多少条人生之路。所以我不奢望自己的经验能对那些想往北大的学子及其家长有启迪。北大随录取通知书寄来了征文通知，力邀新生及其家长分别撰文，我只能响应。如果一定要写点体会，抛砖引玉。我只想说，爱和赏识是家长托起孩子天天向上最有力的两只手。

1992年翟佳璐出生后，就笼罩在爷爷、奶奶、爸爸、妈妈、姑姑和姑父6个大学毕业生的关爱之下。她小时候，大家陪她玩，旅游时带着她。她到过北京几乎所有的名胜古迹及上海、井冈山、北戴河、青岛、杭州、武汉等地。祖国的大好河山是最好的教科书。就像有人说的那样：认识这个世界，去爱她吧！大家也陪她学。有时翻开一本趣味数学书，7个人都上阵，分别做一道题。在喜笑颜开的氛围中，一个个先后解出。最常见的情况是，翟佳璐的解题速度居中。对此，大家都高兴，她更高兴。我退休后，陪她去课外学英语。她不仅学会了英语，还养成了良好的学习习惯，学到了适合的学习方法。在这个班里她年龄最小，每次考试都是第一。又强化了她的自尊心和自信心。我还给她写日记，记录她成长的主要过程。本文的素材均摘自该日记。小学四年级，学校组织学生到离家较远需乘火车前往的解放军营地军训。自愿报名，自己付费。这是独生子女难得的锻炼机会，岂能错过！我们鼓励她去，在她的带动下，另一个女孩也报了名。这第一次离开家人的呵护，她可真是增长了见识，尝到了艰苦，锻炼了意志和纪律性。让我们觉得这是她平凡生活中的一个亮点。平时看到翟佳璐的缺点和不足，大家都批评教育她。虽然说理较透彻，但态度极其严肃。有时冷静下来，我都觉得有点过分严厉了。看来，这些都是有效果的。孩子是璞玉，经雕琢方能成才。

　　上中学后，她在自己卧室的墙上贴了"勤"、"制"、"勉"三个大字。下面还有小字说明。"勤"下面写着"勤奋"，"制"下面写着"自制"，"勉"下面写着"更加努力"。现在的孩子先天智力差别不是太大，造成后天差别大的主要原因是勤奋程度不同。青少年时期的孩子，最让人担心的是他们缺少自制力。往往会不假分辨地接受来自各方面的影响，包括好的和坏的。这个时候，如果他们能主动抵制诱惑，不沾染恶习，就在思想意识和道德品质上打下了较为坚实的基础。日后就易于拒绝低级趣味、拒绝罪恶、拒绝一切他们知道不好的东西。翟佳璐的学习一直较好，可是她从来都不满足已有的成绩，一直勉励自己要更加努力。勤奋使她大步向前走，自制使她绝不后退，更加努力就能更上一层楼。

　　我体会到，赏识教育的实质，就是当孩子做出一分成绩时得到夸奖，就鼓励了他向二分成绩努力。长此下去，孩子就能取得八九不离十的成绩。在学习上如此，在思想意识和道德品质上也是如此。赏识能增强孩子的自尊心和自信心，自尊心强的孩子能自觉地走正确的路；自信心强的孩子做事易于成功。当然，也要尽可能好地把握赏识的分寸，滥用了就会助长孩子的虚荣心。我们夸奖她多了，翟佳璐还批评我们："你们就是看着自己家的孩子比别人的好。"

爱和赏识的结果,可以用翟佳璐高中毕业时,她的班主任老师说的话来概括:翟佳璐又聪明又勤奋,每天都高高兴兴来上学。

今年初,她参加了北大自主招生笔试和面试,获得了北大自主招生的资格,享受降30分录取的优惠政策。并在高考后,被北大信息管理系录取。这是对她多年努力的最大赏识、最高褒奖。她终于破茧成蝶,将飞翔在北大的花园中,采集知识之花粉。回想起1998年5月,我带着翟佳璐去参加北大建校100周年庆典。那时,只想给她一些北大人文氛围的熏陶,却在她心田播下了北大的种子。一年年长大,直至今年9月1日,她将走进北大的校门。

翟佳璐考上北大,她高兴,家人高兴,我甚至体会到我们单位的那么多人都由衷地高兴。但是,我认为,其内涵和深远意义恐怕远不止于此。要过许多年后,才能看出这一步非同寻常。差之毫厘,谬以千里。北大的校园如此美丽,北大的文化底蕴如此深厚,北大的教育资源如此博大,北大的教育理念如此高远。北大要为国家和民族培养具有国际视野,在各行业起引领作用,具有创新精神的高素质人才。经过北大的教育和她自己的努力,将来,她会以北大而自豪,北大以她而骄傲。

2002年10月,我们原上海中学初中的老同学聚会。有同学戏言:"老伴不能抛,儿子不能靠,孙子不能抱。"这可是触动了我心中的敏感处。我不得不说出久存心里的话:"不能完全同意。我不但要抱孙女和外孙,而且要抱好。我希望儿子和女儿比我强,更希望孙女和外孙比我儿子和女儿强。"这几天,收到了老同学们的祝贺E-mail,其中一位初中老同学写道:"你终于实现了自己的诺言。祝贺你。"这是对我的赏识和褒奖。

有好几个同事当面夸我们教子有方,岂不知教育者要先接受教育。北大给予我的宝贵精神财富是自信心、责任心及永不满足的追求精神。我就是用这点资本和能耐教育后人的。可以说,这是北大精神的传承。北大对我教育的成果之一,就是我协助把孙女送进了北大。

最后，我想借这个机会，对孙女说几句话。

聪明的人，能将他人的教训变成自己的经验；愚蠢的人，能将他人的经验变成自己的教训。明知是错事，千万不要做。就像一切付出都会有回报一样，一切失误都要付出自己的代价。即使这个代价不是来自客观，主观上的折磨伤害更大。就像吸毒似的，尝试后就没有回头路。当然，也有人一错再错，麻木不仁。那和没有灵魂的行尸走肉有什么区别？

人生道路上辩证法无所不在。我永远不会忘记我小时候一首苏联歌曲中的一句话：献得越多越富有，越是吝啬越会丢。看看周围的人生百态，不难明白，对国家，对人民，对周围的人，对亲人，付出越多，自己的成就感越多，精神财富就越多。在推进历史中添砖加瓦，必定比谋取一己之利更令人自豪，感到愉悦。那些愁眉苦脸的人，多半是过分自私的。

一切幸福都是自己创造的，一切不幸都是自己造成的。后者的引申意义是，逆境是生活的一部分，是客观存在的。要处理好一切主观和客观的挫折，把伤害减到尽可能小。并从中积累经验，变被动为主动，把不利转化为有利。如果不去做或做不到，才能称之为不幸。

> 个人感悟：时间，抓起来是金子，抓不起来就是流水。真想干，总是有办法，不想干，总是有借口。对于生命，其实，你想给它什么意义，它就有什么意义。

家长姓名：叶丽华　中共党员，大学本科学历，中学高级教师。曾被评为绍兴市语文学科带头人、教坛新秀、十佳模范班主任、十佳学习型女性、家庭事业兼顾型先进教师等。"叶丽华工作室"被评为中华全国总工会"女职工建功立业"竞赛标兵岗。

孩子姓名：陈　思
录取院系：心理学系
毕业中学：浙江省上虞市春晖中学
获奖情况：浙江省高中数学竞赛一等奖
　　　　　浙江省高中物理竞赛一等奖、全国三等奖
　　　　　二十一世纪国际华乐节古筝青年组金奖
　　　　　浙江省艺术特长生水平等级A级，古筝独奏专辑《夜深沉》正式出版

吾家有女初长成

题目并不新鲜，但应该是每个有女儿的母亲在窃喜和欣慰中都会想到的吧。其实早就想写写关于女儿的故事，也有很多朋友期待我写写女儿的成长经历，可是每每一提起笔，脑中拥上来的都是那些个细枝末节、琐碎不堪的事，总也理不出个清晰的头绪来，想来这也契合"距离产生美"的说法，一直生活在一块儿的母女，近得都快无法感知她的美丽蜕变了。直到如今，孩子要上大学了，才明显地感觉到她就要离开，除了内心的不舍和依恋，也开始像陌生人一样傻傻地看着她忙碌，看着她有条不紊地安排自己的学习和生活。蓦然发现，她远比我想象中的更自主，更能干，更成熟。

在女儿的成长过程中，烙印最深的并不是她的学习。在学习上，

她似乎并没有太多我们可以干预、可以影响的机会，好像从小到大，她就是这样的波澜不惊。反倒是她在音乐艺术——古筝的学习道路上，留下了许多可圈可点的经历。而且，这些经历，正在默默滋养着她，推动着她，使她在学习生活中也显得比同龄的孩子更加坚韧，心智也更加成熟。

起：楼上那悠扬的琴声

那是孩子上幼儿园大班的某一天，我们母女俩晚饭后出去散步，路过校园的综合大楼时，听到了优美的古筝音乐。女儿欣喜地说："妈妈，这声音真好听，我想去看看！"我们循声上楼，原来是古筝老师在给学琴的孩子示范演奏。女儿静静地听着，一脸的陶醉。老师弹完一曲，她马上挣脱我的手跑过去说："老师，我也想学琴。"从此，这个小不点儿就开始了她的学琴之旅。

起始阶段的学习是新鲜、有趣和好玩的，孩子由于悟性好，时常得到老师的表扬，学习的兴致很高。但是不久以后马上转入相对比较枯燥的基本功练习。这时，女儿不乐意了，蹭到我面前，撅着小嘴说："妈妈，我不想学了。"我没有答应，郑重地跟女儿讲："学琴是你自己选择的，既然决定做这件事，就要持之以恒地做下去，直到把它做好。"

学琴的过程充满着艰辛，因为练琴，女儿没少流过眼泪。每当听到别的小伙伴玩耍时的嬉笑声，坐在琴凳上的她早已心里痒痒的了。于是，心不在焉的她一会儿弹错了音，一会儿又忘了揉弦。妈妈看在眼里急在心里，斥骂声也随之响起，孩子委屈的泪水直往下淌，滴滴答答地落在衣裙上，滴在琴弦上。一到冬天，女儿手上就生了冻疮，手背肿得像馒头，手指僵硬得很，弹起来生生地疼，但她还是坚持着，因为她已经开始懂得"拳不离手，曲不离口"的道理。

"既然决定做这件事，就要持之以恒地把它做好。"这话从此成为女儿的座右铭，她也因此成为一个特别有恒心、有毅力的孩子。在日常生活中，哪怕碰到再棘手的事情，她也从不轻言放弃。小学时，活动再多，她每天一小时的练琴时间雷打不动。初中时，作业再多，她每天十分钟的英语阅读不折不扣。高中时，面临重大的学习压力，她还是本着这种决心和意志坚定前行。

承：孤身学艺在杭城

女儿学琴的第五年，在启蒙老师章英的引荐下，她正式成为浙江民族乐团首席古筝演奏家顾晓燕的弟子。顾老师在离家200里外的杭州，从此，女儿每星期一次的杭州学琴风雨无阻。不久，我们就开始安排她独自一人去杭州了。

那天早晨，我们把孩子送到火车站，心里还是顾虑重重：要是认不清方向走错了路怎么办？要是误了车次怎么办？万一被人拐走怎么办？可是她却勇敢地说："你们别发愁了，要是我能回来，证明我能行！要是我不能回来，被人拐走了，你们更用不着牵挂，反正这样的孩子养大了也没出息。"看她一副初生牛犊的模样，我们也宽慰了许多。看我还有些不舍，她爸爸把我拉到一旁，说："让孩子自己去历练吧！"

女儿一路蹦跳着出了检票口，上了火车，剩下我们俩在焦躁不安中挨时间。我嘴里老是念叨着："思思这会儿也许下了车，思思可能已经到了老师家……"下午三点左右，估摸着女儿该回来了，我们就开始坐立不安起来，一个在窗口张望，一个去门口守候。时间一分一秒地过去，我们的心也渐渐地悬了起来。当女儿喜滋滋地出现在门口时，我们心中的那份狂喜简直无法形容。孩子终于迈出了人生的第一步。这一步，跨得那么大胆、自信，我们为她感到骄傲。那时候，我觉得她简直就是天底下最棒最能干的女儿。

以后的每个星期天，当东方刚吐鱼肚白，别的小孩子还沉浸在梦乡里时,睡眼惺忪的她已在琴弦上飞指了,指法稍稍熟稔了些,她便急急地赶火车,在火车上卸指甲、吃早点,孩子用时间精打细算可能就是在那个时候养成的习惯。下了火车,她怀着惴惴不安的心情敲开了老师家的门,接受老师的检验,一直等到老师那赞许的一瞥才敢稍稍松一口气,然后下去买两个茶叶蛋或吃一碗阳春面充饥。下午则到附近的新华书店去看书,直到返程的时间快到了,再去赶火车。

"人生需要历练!"由于从小在学琴道路上得到锻炼,女儿做任何事都很有计划性,并且拥有了独立处事和判断能力。"这孩子会学习!"是所有老师对女儿的评价,她总是站在一定的高度看待自己的学习,找准怎样做才是最有效的,她把一切规划得细致而有条理。从小学到高中,每年放寒暑假的第一件事,她就是制订学习计划,平时做事也总能分出个轻重缓急。每个阶段,她都有一本备忘录,把近期要做的事进行必要的罗列。她也有写小纸片的习惯,把自己的点滴思考记录下来。我在无意中搜集了很多类似这样的纸片,这些似乎已经成了她的良好的行事习惯和宝贵的精神财富。

转:古筝独奏音乐会

每一个假期也是女儿最忙碌的时候,她要比平时多两倍甚至几倍的时间用来练琴,"考级、比赛,比赛、考级",小小年纪的她经历着一次又一次的考验,进行着一次又一次的拼搏!

记得有一年暑假,为了学习并巩固"摇指"动作,老师推荐我们寻访新昌一位在这方面有专长的名师。联系之后了解到老师白天没空,上课就只能安排在晚上。我们母女便跑到人地生疏的新昌,在宾馆一住就是二十天。"摇指"的练习常常需要持续很长时间,孩子稚嫩的小手磨出了一个个水泡,缠指甲的橡皮胶揭开时把水泡都扯破了。我当时看了直掉眼泪,但是孩子却一声不吭。功夫不负有心人，明亮流畅的摇指功夫，至今都是她的一张王牌。

学琴第六年，女儿已经通过了古筝业余十级测试，她还参加了浙江省中小学器乐比赛，获得"民乐独奏"小学组第一名。恰逢孩子就读的上虞市实验小学"星海剧场"刚刚落成，为了褒奖她在古筝学习上取得的突出成绩，学校专门为她举办了古筝独奏音乐会。音乐会搞得十分隆重，学校艺术组的老师精心策划，安排了乐队为她伴奏，印刷了节目单，出售了门票，还特地邀请了绍兴电视台"小兰花"专题节目，采访了她的老师和同学。

个人独奏音乐会给了女儿莫大的鼓励。从此，她学琴不再需要妈妈的陪伴和督促，成为每天自觉自愿的行为。记得有一回，她去参加"敦煌·天目杯"民乐大赛古筝独奏比赛，因为原先准备的曲子难度不够，老师让她临时更换曲子。第二天就要比赛了，怎么办？她就利用晚上的时间苦练，竟连续弹了八个小时。夜深人静时，为防止琴声影响周围居民休息，她就把琴布蒙在弦上熟练指法。

"成功之花，人们往往惊羡它现时的明艳，然而当初，它的芽儿却浸透了奋斗的泪泉，洒满了牺牲的血雨"（冰心语）。女儿似乎很小就明白：只有付出，才有收获。因为参加少代会、哥德学院学习、自主招生面试等原因，女儿曾多次来到北京，走进北大。从那时起，她开始有了一个美丽而羞涩的梦——上北大！我们不敢也不愿给她任何压力。高二时，各门学科的知识最具深度、最具挑战，然而她面对一张张密密的试卷，一本本厚厚的习题集，从不懈怠，从不退却。她曾为了追赶进度而伏在写字台上奋笔疾书，曾为了难解的习题而绞尽脑汁，也曾为了弥补较为薄弱的环节而废寝忘食。"我们在美丽的未名湖畔等待你的到来！"女儿把这句话写在她日记本的扉页里作为鞭策。经历十二年的积累与沉淀，她终于为自己交上了一份满意的答卷。

合：跨出国门，敞亮视界

女儿读高一的那年，一个偶然的机会，她被顾晓燕老师推荐去马来西亚参加二十一世纪国际艺术节。这次活动的规格很高，评委都是由来自新加坡、马来西亚、中国、菲律宾的著名音乐家组成，大赛内容包括铜管乐、华乐、舞蹈等。可是孩子毕竟读高中了，来去需要两周时间，还不包括赛前大量的准备工作。一边是难得的锻炼机会，一边是紧张的学业，何去何从？我们让女儿自己拿主意。过了几天，女儿从学校打来电话："妈妈，我决定去参赛，一定做到弹琴、学习两不误。我现在已提前在温习功课了，不懂的地方去问老师。"别人听说我女儿读高中了，还请长假去国外参加古筝比赛，都觉得不可思议。

初次跨出国门的她，心中充满了陌生感和新奇感，每天一个甚至几个电话，滔滔不绝地给我们介绍音乐会的盛况，讲解马来西亚的风情。在电话中，她反复强调："爸爸妈妈，我这次来得很值，既接受了音乐的熏陶，又感受了异域文化。"在日记中，我们也读到了她的感慨：马来西亚给我的第一感觉就是她的绿色。高速公路两边树丛繁密，茂盛，各种绿色以最原始的形态随心所欲地糅合在一起，有一种奔放的生命的激情在喷薄而出，像绿浪涌进眼帘一般扑向我的整个心房……给我印象最深的一点就是国外学生对艺术的表现力和感染力。铜管乐可以像音乐的盛宴，乐手可以跳出来表现自己的肢体语言。高潮处，演员们会从椅子上站起来。手，脚，头发，以至整个身体都是强烈表现情感的工具，不知道是他们在主宰音乐，还是音乐在掌控他们。反正，他们就是音乐，就是节奏，就是观众视觉的全部。最有意思的是，乐队还一边演奏一边时不时地冒出一张牌，上书 CLAP 的大字。我从未看过这样的表演：打破传统，添加进去时尚元素。

当"古筝青年组金奖"的奖杯捧在手中的时候,女儿笑了,笑得那么甜蜜,那么灿烂,还说:"这辈子,我离不开古筝了!"

是啊,孩子认定了古筝,也就认定了继续的劳苦奔波,认定了继续的艰难训练,认定了继续的努力坚持。比赛回来,紧接着便是单元检测,女儿在那次单元测试中竟取得了年级第一的好成绩。事后,女儿回忆说,那段时间她的学习效率是最高的,忙并快乐着。女儿曾经在日记里这样写道:"不要再觉得自己还不够努力,不要再担心结果会令人失望,既然我们害怕失去,那就在最终的检验到来之前做好最充分的准备,不放过学习中任何一个小小的细节。"女儿就是这样矢志不渝地实践着她的梦想。这次出国的经历,还帮她打开了视野,敞亮了视界,她欣喜地发现,音乐不分国界,文化需要交流。从此,她开始更多地关注一些文化现象,什么华语传媒,什么孔子学院,什么百家讲坛等,与此同时她还热衷于一些文化交流。澳大利亚云顿市高中生来春晖中学,她积极参加接待和交流工作。今年七月,第六届世界合唱节在中国绍兴举行,她主动参加志愿者活动……

感谢古筝,感谢音乐,它让女儿拥有了坚韧和顽强;感谢古筝,感谢音乐,它让女儿拥有了恒心和自信;感谢古筝,感谢音乐,它让女儿有了梦圆未名湖畔的机会。期待女儿今后的人生路走得更加踏实稳健!

【链接】

陈思六岁便踏上古筝学习的艺术之路,师从宁波艺术剧院青年演奏家章英,打下了扎实的基本功;十一岁即在上虞实验小学"星海剧场"成功举办了个人独奏音乐会;后又随浙江省音乐家协会古筝专业委员会主任、浙江民族乐团首席古筝演奏家顾晓燕学习。经过不断的努力和实践,她在古筝演奏的技艺和神韵方面都有了较大的突破,对乐曲的理解和表现亦日趋成熟,音色柔美亮丽,音乐表现细腻灵动、富有张力,在国际、国内的古筝大赛中屡屡摘金夺银。2009年,她的古筝独奏专辑《夜深沉》已正式发行。

个人感悟:所谓父子母女一场,只不过意味着,你和他(她)的缘分就是今生今世不断地在目送他(她)的背影渐行渐远。

家长姓名：盛　军　辽宁盘锦辽河油田曙采工艺研究所
　　　　　韩承刚　辽宁盘锦辽河油田曙光工程技术处
录取院系：哲学系
学生姓名：韩冬伊
毕业中学：辽宁盘锦辽河油田第一高级中学
获奖情况：第5届全国"小树林杯"最有想象力童诗特别荣誉奖
　　　　　中国音乐家协会钢琴考级10级、音乐素养4级
　　　　　盘锦市首届中国小记者新闻作品奖
　　　　　盘锦市以及辽河油田征文及演讲一等奖
　　　　　辽河油田"油花杯"钢琴大赛三等奖

在背景里为女儿"伴舞"

"一轮明月，在天空中游荡，青石板的路上撒满银色的月光"，女儿深情地唱着，我举着蓝纱巾围着女儿投入地舞着，孩子的爸爸用口琴给伴奏着…这是我们家庭代表厂里参加辽河油田家庭才艺表演中的一幕。女儿在成长的前台歌唱，我们在背景里舞蹈。在孩子成长的日历中，作为父母的我们以及她的老师何尝不像这样为女儿伴舞，努力在这方背景里为女儿舞来温暖的霞光、飞鸟的鸣啭、幽静的花香，更有蒲苇般的柔韧和坚强。如今，北大大红的通知书上挂着女儿渴望的浆果，更写满未来的船帆，承载着她一路学习的辛苦和坚忍，承载着师长对她的呵护和培育，以下让我们试着呈现那些培养女儿的几朵记忆和几帧舞影。

不自觉的审美教育尝试

众所周知，审美教育是18世纪德国哲学诗人习勒首先提出来

的。就是通过审美教育来改造人类改造社会。通过艺术和审美教育，陶冶性情，人们会不自觉地高贵起来，走向民风高雅进而实现整个社会道德的高尚，实现人与自身、人与社会、自然的和谐状态。而我们对孩子的培养，不知不觉中踏上审美之程。

记得，女儿第一次露脸是在上幼儿园中班的时候，用她那奶声奶气的声音讲故事——《花猫小姐》。那天晚上她告诉我说："妈妈我第一"！是中班第一吧，我随口说到。"不，妈妈，是全体第一呀"！从此以后，她就在小舞台上频频亮相。上学后，她的演讲、唱歌、跳舞、指挥、弹琴、担当小主持人让她在舞台上得到更多的锻炼和掌声。曾分别获得局级和市级演讲一等奖；有多篇文章发表在报刊上、采写的新闻获得盘锦市首届"中国小记者奖"；在第5届"油花杯"钢琴比赛中取得本年龄组第5名；年年被评为"三好学生、学习标兵……回首女儿成长，应该说每个小脚印中无时不浸染着审美教育的色彩。

首先，对孩子进行音乐教育。孩子从5岁开始学钢琴，我天天陪伴在琴侧。她6、8、10级一路考来，获得了钢琴10级水平。在盘锦市"油花杯"比赛中是唯一得到评委教授夸奖的："别看这个孩子分数不是最高，可她是最有灵性和状态的一个"。为进一步提高孩子的音乐知识，我们让她学习了音乐素养这门科目。因此，她的唱谱、练耳、和声、写谱以及中外音乐的欣赏能力都有所提高，并已经拿到4级证书。有一次她说心中跑动着一首歌，我鼓励她写下来，然后又添上词，创造了歌曲《林中小鹿》，今年春天又完成了《握手春天》的谱曲。

其次，对女儿文学方面的启蒙。看图说故事，我总是陪伴着女儿。渐渐地，女儿爱上了书。家里的开始长脚长翅膀。通常是，床头一本"格林童话"，沙发上还有几本散放的什么"笑话大全"、"一万个为什么"……写字台上又有一本……书迷的女儿把书看得哪里都是，甚至吃饭时，还要把一本书偷偷坐在身下，大量的阅读让她打开了眼界、得到了更多的知识和乐趣。她的作文几乎次次都是范文，在多次征文活动中取得奖励。为了激发女儿的创作热情，我经常和女儿举行诗赛，郊游回来，我们就开始赛，往往她写得快。另外，我们还采取采用给稿费的方法，一次她看了《顾城》小时候的诗歌，她的灵感不断地涌现，周末写了7首诗歌，根据质量我给了她17块稿费。她很高兴，写作的热情更高了。以下是女儿8—10岁时写的小诗：

太阳（8岁）

太阳　太阳

你为什么不回家

是想给迷路的小蚂蚁照亮

还是想被讨厌的蚊子叮几个包

也尝尝痒痒的滋味？

要不要我给你一瓶花露水？

妈妈（9岁）

妈妈总是那么磨叽

一次踏青

很不得把家装到袋子里

可巧天公偏偏和她一个脾气

阴沉了半天

也不下雨

风

风是位轻功大师

从草叶轻轻踏过

从水边踩水而去

我真想问一问
那在水面上来去如飞的小虫
是不是她的徒弟

(2002.12.7)

根　基

谁说浮萍没有根基
浮萍的根基在水中屹立
谁说吉卜赛民族是流浪民族
他们的根基在世界的每一寸土地
谁说我们长大了到处留学不再回来
忘记了生我养我的土地
我们的根已经深深扎在——
那拥有九百六十万平方公里的土地

(2003.03.06)

留

有的人
留下千古流传的诗歌
哪怕深埋在地下

有的人
留下千古传唱的乐曲
哪怕音符的墨色早已淡化

我从海滩上拾起小贝壳
在它们的身上
刻满图画

希望能给后人留下一丝快悦

(2003.06.06)

再次，带孩子欣赏和领悟大自然的美。对大自然的喜爱似乎是孩子天性里最生动的一面。自然曾经和人类的童年融为一体，而文明经常切断我们的感觉。因此，我们利用可能的机会让孩子和自然亲近。在日常生活中，经常带她出来散步，观察自然，感悟盘锦湿地的鸟语花香；我们还带经常带她到外地去看海爬山，锻炼了她的身体，也陶冶了她的性情，使她更热爱生活，热爱身边一草一物……

做孩子的"学习秘书"，提高学习效率

女儿在小学阶段，我们谁也没有留意她的学习。她热衷于红领巾广播站，热衷于跳舞弹琴和唱歌等艺术活动。一上初中，课程多了，每天还得练琴。孩子的爸爸为了给孩子抢时间，无论白天工作多么忙碌，晚上都陪伴在孩子身旁；给孩子查字典整理文具和孩子一起采用搞笑的方式背诵，让孩子在笑声中加深记忆了；能做的物理和化学试验他爸爸都领着孩子做，在玩中加深孩子的理解和提高学习兴趣。所以，在初中孩子每晚都能在21点之前入梦，钢琴兼顾，学习也是名列前茅。

刚上高中的时候，老师讲课如飞（三年的课程两年讲完，理科基本上不讲课本上的基础内容），有时，孩子理解不好，有些不自信。他爸爸和孩子一起做题，孩子看到爸爸能做那么难的题，自己也就更自信了，从而放平心态，脚踏实地一步一个脚印。在古文阅读和英语阅读时，开始我陪着女儿一起进行，加深记忆和理解，后来，渐渐地我跟不上速度了，就在旁读书。女儿的英语总是110分左右，这是从来不参加课外辅导的缘故；由此，她的班主任韩新克

老师说，没有问题，只要按着她定的学习计划进行。女儿于是每天雷打不动地按着老师的部署学习，果真进步很快，在北大自主招生考试中英语考到72分，高考达到了133分。在初中一向以作文为荣的女儿在高中的作文只得42分，女儿困惑了！女儿初中的语文老师谢艳华及时给予鼓励，说女儿的作文不但文笔优美也很深邃，要女儿坚持自己的风格。女儿才减轻了一些烦恼，渐渐地女儿适应了应试作文的某些框框，在框框中书写自己独特的风格，舞蹈出自己的美丽，多次成为高中范文，并被语文老师各班朗读。

营造良好的学习氛围，细心关心孩子的一切

"妈妈，我比书好看"，小时候女儿经常推开我手中的书，爬到我的膝上对我闪动着睫毛。我和孩子的爸爸平时都喜欢读书，这很影响孩子。记得孩子4岁时拿着我的现代汉语书看，我指给她几个甲骨文后，带她出去玩，她一一地画在沙地上，半笔不差，让我感叹。孩子弹琴或者学习，我们家的电视机永远是沉默的！我们通常在一边看书。到高中孩子熬夜读书的时候，我们也强打精神轮换陪着，让孩子不觉得孤独，给孩子一份力量。

孩子上高中要到离家20公里的学校上学，我们和大多数家长一样，选择了陪读。每天往返单位和陪读小区之间。让女儿的伙食更加丰富，我们变换着食谱。同时，晚上，我都坚持给孩子做夜宵，补充体力。

在陪读的过程中，我们及时和孩子沟通，做孩子精神的"减压阀"。刚上高中的时候，女儿看着自己被"淹没"，有些不习惯。特别是自己的成绩没有达到预想的效果，她感到很是自卑，这是她一首小诗的片段：

峭壁上还有我足迹的热烈

可为什么只找到干涩的果子
走失了快乐的心房
自尊也在打点行装

作为家长的我们每天细心地听她倾诉，并多方开导她，使她渐渐能正视自己，正视现实，然后渐渐开朗起来了。记得自主招生考试之前，女儿说自己不是奇才，不适合！我们慢慢地劝她，鼓励她写个人简介，写有关征文，有时，辛苦到下半夜！同时，我们整理各种人文历史实事、环境、经济等专题，让她从繁忙的复习中抽很少的时间就可把握，如此的磨砺让她信心满帆，笔试和面试都取得了优异的成绩。

难忘刻骨铭心的 6 月高考，女儿由于受到严重干扰，考第一科语文出来后就哭了！中午几乎没有吃饭！这可是她最大的强项呀！语文老师还盼望着她得满分作文呢！下午，女儿擦干眼泪在进考场前把长辫子一甩说"让暴风雨来得更猛烈些吧"！坚强的女儿让我们舒了一小口气，以下一路考了下来，我们心里也七上八下。在 6 月 9 日到 27 日漫长的等待和忐忑中，我写下了一首小诗歌送给迷茫中的女儿，用乐观的情绪感染她：

等待那份幸福

谁也阻断不了那朝圣的节奏
幸福的车辙　从沙漠从幽谷
从沼泽　从梦的崖畔上
从 1000 多个夜深灯下的坚韧里
一路逶迤

幸福　庞大的声部

　　　　它鲜花簇拥大调交替的小小间隙里　一定
　　　　还会有尘灰呻吟和偶尔而刺耳的和弦
　　　　如此　它才在世相中显得那么真实　可亲
　　　　那么余韵

　　　　热泪暂时敛住　打扫庭院
　　　　双手合十　相信
　　　　每一个努力的孩子
　　　　在季节闪动的绿叶间
　　　　都会找到属于自己的那枚颤盈盈的浆果
　　　　都会听到　幸福的一声咿呀
　　　　从那扇虚掩的门扉

　　出考分的那一刻，女儿让我们替她查，自己要用琴声迎接！其实她是躲在音符的丛林里，不敢面对自己精心耕耘了3年的不测的秋天。"相信善良努力的女孩会得到水晶鞋/相信坚定纯真的客人/会在胡子里粘满甜酒。"这是女儿一首小诗的结尾，是的！应该相信童话，坚定努力的女儿真的得到了美丽的"水晶鞋"，祝愿她在未名湖畔，沿着大师的足迹，淡定踏实，努力摇橹，做一个有理想的人生旅者。

　　家长寄语：愿女儿于博雅塔下，莫有浮躁纷扰，心境永如溪侧疏菊之淡雅。

家长姓名：周松云　中共党员　研究生学历　浙江省嘉善县委常委　县人武部政委　上校军衔

崔菊芬　中共党员　本科学历　浙江省嘉兴市妇幼保健院党委委员　护理部主任　主任护师

学生姓名：周安儿

录取院系：北大光华管理学院

毕业中学：浙江省嘉兴市第一中学

获奖情况：嘉兴市市级三好学生、浙江省省级三好学生；

嘉兴一中第八届"十佳学生"称号暨"五芳斋"奖学金

入选第三届美国安生基金会中国创新英才特训营

"南湖杯"全国少儿书画大赛金奖、"双龙杯"中国少儿书画大赛铜杯奖、"巴比松之星"杯中国少儿书画大赛银奖

第十届"语文报"杯全国中学生作文大赛省级二等奖

浙江省高中数学竞赛嘉兴市B组一等奖

中学生英语能力暨奥林匹克竞赛高二组全国二等奖、高三组全国一等奖

孩子，我们宁静致远五闲谈

根据学校安排，今年大一新生党员要提前报到集训。孩子，没几天，你又要、而且这一次是真的要远行了。但就是高考结束后这段时间，你却还是那样的忙，学考驾照、旅行考察、谢师别友，等等，就是长辈们的祝贺也是笑笑掠过。爸爸坐在你常常挑灯夜战的书房里，思考着跟你说点啥。

宁静致远。在得知自己高考成绩裸分浙江第三、且多校有录取意向的情况下，你是那样的淡定，毅然选择北大光华；高中阶段的学习那么紧张，考试排名刀光剑影，看你也是从容不迫，班长职责履行得有理有条；从小学一路走来，你学习成绩一直很好，父母也一直为你骄傲，但你却一直不骄不躁，稳步而又矫健。所以，自你小学到现在，我们搬了三次家了，"宁静致远"的匾幅一直挂在书房里。

说点啥呢？孩子，爸爸妈妈还是把"宁静致远"这四个字送给你吧！潜心燕园，不断提高思想觉悟；锤炼自己，继续接受艰苦磨难；迎接挑战，不懈追求卓越与完美。具体在这样五个方面，我们一起聊聊，但愿对你的北大学习生活有所帮助。

一、政治方面讲忠诚

忠诚，是一种操守，是一种自律，是一种价值取向。忠诚生发于心，表之于言，而贵在真。忠诚就是真心真意，尽心尽力，没有二心。

古有苏武历尽艰辛屈辱，始终不改初衷。今有党的创新理论传播者方永刚，矢志忠诚传播党的创新理论直至生命的终点。爸妈也是共产党员。孩子，既然你在高中期间就入了党，而且即将跨入北大，父母用毛泽东同志早在延安时期说的话激励你，那就是"一名真正的共产党员，不但要在组织上入党，更要从思想上入党。""衡量一名党员是否真正从思想上入党，根本要看其对党是否忠诚。"

都知道大学是个争鸣角逐之地，但我们已经选择了共产党，那就要：一是始终坚定不移地维护党的领导核心。这是一名党员起码的行为准则，也是这个党赖以生存发展的力量源泉，更是一名共产党人掷地有声的政治品质。忠诚也是一种力量。有了这种力量，孩子，我们任何困难都可以克服，任何考验都可以接受，任何诱惑都可以抵制。二是时刻做党的利益的忠实维护者和捍卫者。讲忠诚始源于信念上的追求，要形成自觉的信仰，才能从心底里爱党信党。讲忠诚也是个实践问题，要体现在对党事业的执著追求上。讲忠诚还有个党纪原则，学术上自由争鸣，党纪上高度集中，时刻保持清醒头脑，增强政治上的警惕性和鉴别力。三是注意在学习生活的点滴养成中砥砺对党忠诚的政治品格。理论上成熟是政治上成熟的前提和基础，理论上的认同感直接影响政治上对党的忠诚度。所以，要深入持久地抓好党的创新理论的学习武装，学习中国特色社会主义理论体系，学习落实科学发展观。当然，作为学生，本职还是要出色地完成学习任务，在出色地完成学习任务的同时，发挥自己学生党员的作用，体现价值，实现忠诚。

二、同学相处要宽容

"海纳百川，有容乃大。"宽容，即宽大的气量，不计较或不追究。《菜根谭》里有这样一句话：处世让一步为高，退步即进步的张本；待人宽一分是福，利人是利己的根基。大一新生来自五湖四海，为一个同样的理想和目标相聚在未名湖畔，同学相处要本着谅解、宽容的态度和豁达的心态，多看同学的长处、主流和本质，绝不能吹毛求疵，以狭窄的心胸，盯着别人的缺点和不足不放。尤其是班队集体活动时，更要有容人容事的胸怀和气度，相信同学，相信大家，团结共事，共创佳绩。

孩子，因为一路走来，你都很顺；而且你的新同学中大部分同学都很顺，加上你们大多为独生子女，家境也较优裕。所以，在这个问题上爸爸妈妈哆嗦几句。第一，同学相处为什么要讲宽容？虽然你的同学们都十分的优秀，但人非圣贤，孰能无过，何况同学间有家庭地域的差异和认知角度的不同等，相处中难免出现磕磕碰碰的情况，但一个真正有修养的人，胸中能装下五颜六色的事，容得下各种各样的人，尊重对方不同的看法和见解。"仁者无敌"。宽容，才能维护班队团结和谐的大局，才能增进同学间的友谊，才能凝聚起集体的力量。第二，同学之间有可能出现不讲宽容的几种表现。以下三种情况往往要引起同学间的相互猜忌，甚至钩心斗角。一是缺乏容同学小过之量，锱铢必较。人无完人，对同学不能责备求全。二是缺乏容同学小事之量，斤斤计较。"难得糊涂"，容得下同学议论自己，也能善意、含蓄地提醒同学。三是缺乏容同学成绩之量，妒贤嫉能。当同学取得比自己要好的成绩时，应谦虚地主动讨教。第三，同学间宽容相处的几点建议。当然，宽容，也不是无原则地放纵迁就。过分宽容的人，又会没有立场，甚至失去原则。首先，要以责人之心责己，以恕己之心恕人。遇事多替别人想想，有矛盾时多找自己的原因，尽量主动去化解误会。其次，也要把握好宽容的原则与尺度。正视矛盾，勇于批评，把批评帮助的过程变成加强团结的过程，在解决问题中达到新的团结。最后，要把宽容相处与共同进步相结合。同学间相互扬长治短，扬长避短，扬长补短，以求学习上的"双赢"。

三、参与竞争练能力

孩子，对于竞争这个词，你太熟悉了，也是你从小学走来最常见的、最基础性的生存状态。竞争，是能力和智慧的较量，是个人潜能的充分发挥。思想支配行动，北大学习等各方面的竞争肯定会更加的激烈，要积极参与竞争，必须要澄清中学期间的模糊认识，清除思想障碍。比如学习上的相互竞争与共同进步并不矛盾，没有同学间的比学赶帮超就没有班级成绩的全面提高，敢于竞争、敢于拔尖是开拓进取、首创创新的具体表现，等等。与中学里相对平等的竞争环境与条件，北大光华是全国尖子中学生的汇集地，但也由于大家各自的天赋、知识和气质等不尽相同，竞争的起点、过程和终点等也不尽相同，客观上也不能人为地去斩齐削平。竞争，只是通过全程公开，使胜者知其长，败者知其短，所有参与竞争者坦荡无虑，心服口服。

所以说，孩子，没有一个地方是能够逃避竞争甚至没有竞争的。既然无法避免，那我们就积极主动地去面对吧！父母从增强竞争的意识上有几点建议，一是要树立敢于冒尖的精神。生命在于进取，使命在于创新，"人怕出名猪怕壮"的变态心理扼杀了人们的创新精神。北大的学生，应敢于标新立异，走在前列。二是要不断净化竞争的目的。学习上的竞争，班级荣誉的竞争，都应该是在创新发展的大目标、大前提下进行的，竞争的目的在于吐故纳新、开拓进取。三是始终沿着正确的竞争方向。竞争机制在校园，最显英雄本色的是，在利益和荣誉面前讲风格。可让的要让，没理要的坚决不要。四是一定要保证高尚的竞争手段。竞争的结果，是血与汗的凝聚，是天才与勤奋的结晶。所以一定不能搞拉关系、走后门那一套，更不能有使绊子、挖墙脚等不道德行为。五是注意防止两种倾向。竞争结果，并非"胜者为王败者寇"，自己应该做到胜则不骄、败不气馁。

那么，如何来锻炼和提高自己的竞争能力呢？孩子，父母对你挂一漏万而言，一是全面加强学习，积累竞争资本。没有扎实的知识功底，光有热情和体力，是不可能在竞争中夺魁摘寇的。爸爸妈妈最欣赏你的座右铭，"当机会来临时，我已经准备好了！"二是根据自己所长，选定竞争目标。否则，好高骛远，盲目追求，只能事倍功半，虽费九牛二虎之力也难到达成功的彼岸。三是刻苦磨炼意识，坚强竞争毅力。意识和毅力能发动行为去达到既定的目标，也能抑制违背愿望、与目的相反的行为。信心、恒心和耐心，使你坚持不懈，持之以恒，炼就钢铁般的竞争意识和毅力。四是掌握方法技巧，提高竞争艺术。竞争还要有灵活的方法，巧妙的艺术。竞争，离不开同学等他人的理解、支持和帮助，所以应该有勇有谋，掌握方术，善用技巧。

四、交往沟通有素质

孩子，爸爸妈妈也一直认为你是个全面发展的好孩子。与人交往沟通不是"搞关系"，这一点你也认可。但这一点，到了大学里可能会显得越来越重要。

沟通交往，也是你在大学健康学习成长的必修课。美国心理学家马斯洛写的《调动人的积极性的理论》，这本书值得你一看。交往是指人与人之间的相互联系，沟通是人类社会相连续的纽带，工作、学习等许多生活秩序都是靠交往沟通这一手段来运行和完成的。新到北大，可能还存在一种"心理性断乳"现象，这是由中学期间对父母的依赖性和到刚到大学新的独立性相矛盾所致的，解决这种恐惧心理，寻找依靠和帮助，交往沟通是最好的办法之一，它可以帮你完成由依赖性到独立性、由中学生到大学生的转变，这不仅有利于你个人的健康成长，也有利于所在集体的文明与进步。尤其是就个人而言，良好的交往沟通，能够进一步激发大家学习的积极性和创造性，可以进一步促进人的身心健康，也还更加有利于个人的全面、顺利发展。

当然，作为北大的学生，交往沟通要有风度，更要有素质。风度是一种积极向上的精神。东施效颦，只能适得其反。素质，顾名思义是指整体素养的质量。人的素质，有思想道德素质、文化知识素质、心理身体素质等。爸爸妈妈在这里要讲的是与人交往沟通的素质，它应是大学生在交往沟通过程中的举止、仪表、言谈、作风和态度等方面的综合与统一。尤其是以下四个方面更为重要。一要以诚待人。交往沟通是以情感为驱动力，以真诚为基础赖以建立的，而真诚则是其根本的支撑点。只有出自内心朴实情怀去交往沟通，才能把同学的欢乐当欢乐，把同学的痛苦当痛苦，赢得挚友。二要言谈文明。"良言一句三冬暖，恶语伤人六月寒"，语言是交往沟通最基本的工具，但有着十分重要的作用。女生说话文雅和气，会给人纯洁美好、有教养的感觉。北大学生还应言之有理，言之有物，幽默风趣，简洁有力。三是仪表端庄。女孩子都喜欢衣着打扮，爸爸妈妈一点也不反对你打扮得讲究、时尚一些，但有一点要求，就是容貌、姿态，要像个学生，北大的女学生。四是举止礼貌。文雅大方而不做作，稳健庄重而不拘谨，热情得体而不轻浮。正如入学须知中讲的，南方人，到了北方，不能随便喊"你"，要说"您"。

五、心理卫生须重视

妈妈是个国家注册心理咨询师，在这方面对你帮助不小。但到了学校，你只能靠你自己了。心理卫生十分重要，它又称精神保健，可以预防心理疾病，保持心理健康，提高学习效率。尤其是对新大学生来说，有理想、有抱负、有强烈的求知欲望，有旺盛的精力，又同时处于身体的成熟期，学习生活中的现实矛盾较多，容易滋生悲观、失望、焦虑、自卑等情绪，甚至诱发一些不良的心理问题。大学生发生心理疾病，甚至走上犯罪道路的，也时有听说。

重视心理卫生，一个重要内容是克服不良情绪。其一般的方法，一是疏导。运用适当途径对情绪进行排遣和发泄，以免淤积于心。个人若有不快时，可以进行跑步等体育活动来释放排泄。二是消解。理智地消除和解决产生不良情绪的原因。要冷静，有分析，有判断。三是转移。如果情绪一时实在无法解决时，不妨找找老师，或者求助父母，也可钻心学习，这些都算是一种转移情绪的好方法。四是升华。情绪的升华，可以转化为奋发向上的强大动力，当然这需要自己有宽广的胸怀和较强的自控能力。

实际上，心理卫生方面的不良情绪也是可控制的。控制不良情绪发生，一种方法是制怒。怒是情绪不满的反映，易怒者往往心胸狭窄，感情脆弱。制怒的根本是拓宽心理容量。制怒需要有较强的意志和毅力。另一种方法是消愁。当然不是借酒消愁，"抽刀断水水更流，举杯消愁愁更愁"。不妨换一个角度去认识这个问题，或者采取冷处理来淡化情绪。

　　重视心理卫生问题，关键是培养自己的乐观情绪。笑口常开，"吃么么香"。乐观情绪可使人心宽气顺，精力充沛，豁达坚强。培养乐观情绪，一是树立崇高的理想和正确的人生观。生活中真正能够得到长久快乐的人，乃是那些有远大理想和抱负并为之卓有成效地工作和奋斗的人。二是学会在自己的学习生活中找到乐趣。欢乐是人的一种主观感受。乐观的人不仅惯于寻找身边的快乐，还能创造快乐，把本身毫无乐趣可言的事情转化为乐事。三是坚持适当的体育运动。孩子，你的乒乓球打得不错，健美操跳得也挺好，要坚持，运动确实是副良药，但要持之以恒。四是在保持良好心态下时常幽默一下。知足常乐。心态好，情绪就好，幽默更是一股神奇的力量，但愿你和你的同学们有个和谐班级、快乐宿舍。

　　感悟寄语：宁静致远。有志者事竟成。

家长姓名：杨　苏　北京中医药大学　个人基本情况：1982年从北京中医学院（现北京中医药大学）中医系中医专业毕业并留校工作；1986年在美国南加州大学医学院进修医学教育学；1987年回国后在北京中医药大学先后从事高等中医药教育研究、医学英语教学、考务管理、年鉴和校志编纂等工作，同时兼任《北京中医药大学学报》、《北京中医药大学学报临床版》、《中医教育》的英文编辑。

孩子姓名：刘伊能

预录院系：新闻与传播学院

毕业中学：北京朝阳外国语学校

获奖情况：2010年北京市级三好学生

书是女儿打开北大校门的钥匙

女儿刘伊能终于如愿考上了北京大学，她高兴，我们更加高兴。捧着北大的录取通知书，她的成长历程像电影一样，一幕幕地浮现在我们的脑海中。

我们的家，虽然不大，但很温馨，尤其是家里的几千册藏书和随处可见的报纸杂志，给人印象深刻。孩子的父亲刘水明是一名记者，他酷爱读书，每天不管多忙多累，都要抽出时间读书，哪怕是半小时也行。无论是在国内还是在国外，他去的最多的地方是书店，他买的最多的东西也是各种各样的书，尤其是与他业务有关的书。所以我们家的书是越来越多，每个书架的每一层都放了两排还放不下。

我也是个嗜书如命的人，看到好书就恨不得一口气读完。我最喜欢读的书是中外名著、小说、人物传记、散文作品等。

女儿在我们的影响下，也养成了酷爱读书的习惯。女儿出生几个月的时候，我就给她念童话、儿歌，给她听歌谣磁带，所以她说话特别早，而且口齿清楚。等她长大一点后，她最喜欢做的事就是编故事。那时候她还不认识字，但她可以自己看着带画的书，口中念念有词地编出一个又一个精彩的小故事。

女儿上学能认字以后，对读书的兴趣也越来越大。我们为了鼓励她，就为她多买书，买好书。只要有空上街，她要去的第一个地方一定是书店。在书店里，她就像是一条久违大海的小鱼，在书的海洋里尽情畅游，如饥似渴地寻找自己最喜欢的书。看着她那个兴奋劲，你若不给她买上几本都会觉得过意不去。

她读的书刊涉猎很广，像中外童话、民间故事、科幻小说、中外名著、儿童文学杂志、科普读物等，现在我们家光她的书就有1000多册。我们给她买了全套的《十万个为什么》、《河马科普文库》、《世界少年文学精选丛书》、《纽伯瑞儿童文学奖丛书》、《少年百科知识全书》等，还给她订了《儿童文学》、《小学生作文》、《学与玩》、《我们爱科学》、《读者》、《青年文摘》等杂志。由于她看书多，涉及的范围广，自从她上学后，对写作文从来就不发憷，经常是看到题目后，拿起笔就写，一会儿就能写出几百上千字。她的作文经常受到老师的表扬，说她的作文层次分明，文字流畅，想象力丰富，感情真实亲切，并常常作为范文在全班朗读。

女儿小时候最喜欢看的书之一是《红楼梦》（儿童版），家里各种版本的《红楼梦》连环画有好几套，她对《红楼梦》里的人物和故事情节非常熟悉。有一次她爸爸带她去九寨沟旅游，在车上她与一位阿姨聊起了《红楼梦》，只听她对《红楼梦》人物如数家珍，滔滔不绝，让那位阿姨惊奇不已。

女儿由于看书多，懂的事情也多。读书不仅使她学到很多知识，也学到许多做人的道理，养成了善良热情、关心集体、乐于助人的品格。

2002年，全国妇联举办了一次"西部儿童到我家"的活动，我们家参与了此项活动并接待了一位来自陕西的小朋友——晓静。女儿把自己所有的好东西都拿给晓静看，如玩具，画的沙画，自己最珍爱的图书，并毫不吝惜地把晓静喜欢的予以相赠。

在她小学当班里的劳动委员时，总是很早就到教室，打开窗户通风，扫地、擦桌子，放学后帮助做值日的同学拖地、整理教室，不怕脏，不怕累，得到老师和同学的好评。在家我们身体不舒服，或上班太累时，她能主动帮我们擦地、收拾房间、倒垃圾，给我们倒水拿药，为我们做好早餐。

在她高中时担任班里的团支部书记期间，曾参与组织策划了一次叫做"麦田计划"的活动，动员全校同学为湖北省贫困山区学校的学生捐赠文具和书籍，目的就是要让山区的孩子们也能得到更多的文具，读到更多的书。这次活动得到踊跃响应，一共收集了6大箱各种文具和书籍，最终被顺利送达山区孩子们的手中。

2004年，女儿考进北京朝阳外国语学校，在6年的中学学习期间，她读的书就更多了，兴趣也更加广泛，而且一直保持着定期去书店看书买书的习惯。同时，她开始跟踪关注国内外大事。每天放学回家，在完成当天的学习任务后，她就会拿出《北京晚报》、《世界先驱导报》、《环球人物》、《文史参考》等报刊，津津有味地读起来，有时还就当今时事热点与我们进行讨论。阅读报刊丰富了她的知识，开阔了她的眼界，更培养了她"家事，国事，天下事，事事关心"的公民素养，并为她选择北大新闻与传播学方向奠定了基础。

"吾家有女初长成"。如今，女儿的北大梦终于实现，将来有可能从事与她父亲一样的职业。我们不会为她设计具体的人生道路，只希望她"立身百行，以学为基"，"读万卷书，行万里路"，成为对国家建设有用的人才，把书籍当作陪伴她一生的最大财富。

寄语——书籍是陪伴一个人一生的财富。

家长姓名：冷胜红　中国工商银行江都市支行
学生姓名：庄　园
毕业学校：南京师范大学附属中学
录取院系：物理学系
获奖情况：2008 年全国高中学生化学竞赛省级二等奖
　　　　　2009 年全国高中学生化学竞赛省级一等奖
　　　　　2009 年全国高中学生物理竞赛省级二等奖
　　　　　2009 年全国高中学生数学竞赛省级三等奖

笑望来时路

亲爱的儿子：

　　今天是公元 2010 年 8 月 1 日，又到了我们每月一次交流的时间了。过去每月的这一天，妈妈都会给你写信，谈谈思想，找出一些问题的不足之处，并给你鼓励，向你心中的理想——北大，不断进行。今天，你已正式成为了一名北大学生。我们终于可以站在终点，笑望来时的路。

　　孩子，可记得，当你以优异得成绩一路过关斩将，从几千人中突颖而出，考取了全省最好的高中——南师附中时，你是多么的兴奋。但我和你父亲却为你究竟上哪所学校而争执不休：我主张享受优质教育，以拓宽你的眼界，提高你的人文素养，力争高考进入顶级名校；而你父亲却认为南京离家太远，你在外求学父母无法照应，并且当地名校对你优厚的承诺，也令他动心，他力主在本地求学。就在我们都无力说服对方时，你却坚定地告诉我们，你要上南师附中，将来要上全国最好的大学。第一次，你提起了北大；第一次，你向我们表明了你的决心。还有什么不能满足孩子你的心愿呢！我和你父亲欢欢喜喜地送你去了南京。

孩子,可记得。进入高中后,对我们父母第一次的打击不是你学业的退步,而是得知推行了很多年的高考制度,从2008年开始改革了——高考科目由五门改为语、数、英三门。这对数理化绝对强势的你是多么的残酷。五门总分成绩很优异得你,三门成绩却摇摆不定,语文成绩发挥好坏决定了你三门成绩的名次,却很难撼动你五门成绩的名次。这样的新高考制定实在对你不利,眼看着进入北大的几率大大减少,我们却只能从当初的愤怒变为担忧。然而你却宠辱不惊,镇定地告诉我们,你上的是理科省招班,参加了数学与化学的竞赛学习,将来上大学的机会会多于常人,无须担忧。我们这才知道:你们学校首创跑班制,让学业轻松的同学参加了竞赛学科的学习,走的是竞赛加高考的这条路,我们稍稍放宽了心。

孩子,我知道你,你既然选择了数学与化学的竞赛,就已做好了要比常人多吃很多苦的心理准备,就如你常说的:吃尽苦中苦,方为人上人。就这样,每天你正常上课,晚上做作业,预习、复习一样也不拉。当时针指向十点时,本该休息地你又拿出了数学、化学竞赛书,刻苦的自习、钻研,直到深夜。这一作息时间一直进行了两年多,直到高三竞赛结束。我不知道这几百个日日夜夜你是怎么熬过来的,但我知道你瘦了,瘦了,又瘦了……

孩子,虽然不想提,但妈妈还是要回顾那一时刻。九月,到了收获竞赛成果的季节,本来最有希望的一门化学竞赛,考试时你因心理问题而最终以两分之差未能获得保送资格。得知这一结果,老师父母惊讶,而你也痛哭流涕,以为从此与北大失之交臂。痛苦延续着,因竞赛前全身心的投入,正常的上课停了,语文、英语落下了很多功课,成绩又急剧下滑……但孩子,你是坚强的,无需父母的过多安慰,你很快走出了阴影,你花了很多时间,吃了很多苦,终于补上了落下的功课,成绩又迅速回升,重新坐上了校前三名的坐椅。

孩子，幸福来得又是多门及时啊！十一月底，你兴奋地告诉我，因为你的综合排名靠前，获得了校荐北大自主招生的资格。你是笑了哭，哭了又笑：只要努力了，上帝是公平的，在为我关闭这一扇门时，会为我打开另一扇通往成功的门，我一定努力，决不能再自己关上已开启的这一扇门；北大是优秀的，它懂得欣赏，为我们提供了展示自己的平台，我不会让北大失望的。听着你与北大的又一次约定，我们虽然欣喜，但考虑到你竞赛时的心理素质，悄悄为你填写了复旦大学的自荐表，并也获得了复旦大学的初审。事后，你理解父母的苦心，在参加完北大笔试后的第二天，带着疲惫又参加了复旦大学的考试。

二月的北京，春寒陡峭，北大却用温暖的怀抱迎接着祖国四面八方前来膜拜的学子。怀着一颗虔诚的心，你稳定发挥，圆满地完成了面试，最终，你以总分位列全省前几名的成绩获得了北大降30分的优惠。与此同时，你用优异的成绩也让复旦大学为你送上了本一线录取的大礼。又是在父母难以抉择中，你毫不犹豫地选择了北大。坚守了约定。并在随后的高考中，如愿进入了你心仪已久的北大。

孩子，在你艰辛求学的过程中。父母虽没能帮上你的忙，但我们明理。在许多抉择面前，父母给了你充分的理解，尊重了你的意愿，让你学会了如何选择。在失败面前，父母没有过多的安慰，而是让你学会承受痛苦与挫折，并快速走出阴影，坚强地面对现实。人生的路很长很长，在路上你会不断要面对抉择与挫折。妈妈相信从此你一定会理智而果断。

还有一个月，你即将融入如诗如画的燕园，迎来精彩而绚烂的大学时光。孩子，北大是人才集聚的地方，你要学会谦逊，学会包容；要懂得奉献，懂得欣赏；要善于合作。善于交流，只要你努力。妈妈相信，优秀的北大一定会将你培养成为一名优秀的祖国栋梁之材。

"儿行千里母担忧",亲爱的孩子,请一生切忌妈妈的关照;永远保持健康第一,快乐第一,幸福第一。

爱你的妈妈
2010 年 8 月 1 日

个人寄语:有的时候,我们不是因为失败而放弃,而是因为放弃而失败。